1
1987 年
多色调的中国个体经营者
作者：胡国华 等

　　当个体经济尚为新生事物时，我社出版的第一本书即瞄准了这些改革大潮中的弄潮儿。

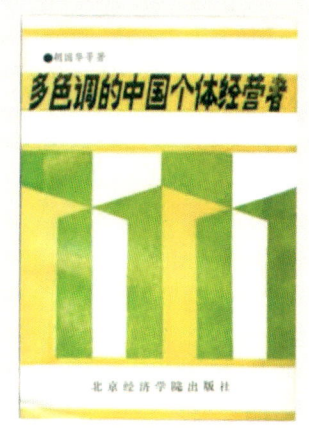

2
1988 年
诺贝尔经济学奖获奖者著作丛书
丛书主编：贾　湛　梁小民

　　国内首次介绍诺贝尔经济学奖获奖者学术思想的大型丛书，滋养了一代学人的鸿篇巨制。

3
1989 年
管子通解
作者：赵守正

　　对《管子》进行释疑解难，学术价值堪称一流。

4

1990 年

楷书欧颜柳赵四家比较字帖

编者：喻　宜

　　我社第一本输出版权的图书。让全球华人欣赏中华书法之精粹。

5

1991 年

物价变动会计

作者：葛家澍 等

　　关注学术前沿一直是我社的追求。此外，另有《外币交易会计与外币核算》（常勋）、《合并财务报表的理论与实务》（王有枚）。本书立足解析当下会计界三大难题之一。

6

1992 年

中国人口生活质量研究

作者：冯立天

　　我国学术界最早对这一课题进行最全面、最系统研究的学术专著，开创了人口学一个新分支学科及其研究领域，填补了中国人口学科体系中的空白。

7

1993 年

社会主义市场经济 100 题

作者：顾海良　刘英骥

社会主义市场经济概念提出不久，我社即约名家为读者进行通俗易懂的答疑解惑。

8

1994 年

北京婚姻、家庭与妇女地位研究

作者：冯立天　（美）巴巴拉·安德森
王树新　张　坚

对北京市婚姻、家庭与妇女地位进行实证研究的力作，填补了北京市婚姻、家庭与妇女地位研究之空白。本书荣获"北京市第四届哲学社会科学优秀成果"二等奖。

9

1995 年

中国各民族人口的增长
——分析与预测

作者：黄荣清

对中国少数民族人口生产的现状和趋势进行前瞻性分析与预测，准确揭示人口变动规律，为中国少数民族的发展建言献策。

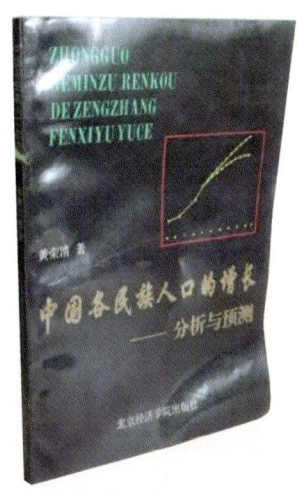

10
1996 年
王者系列
作者：李飞 等

　　著名学者和业界人士联袂为中国流通业把脉，规划中国流通业发展的未来。

11
1997 年
人民信访史略
作者：刁成杰

　　中国第一部系统分析和介绍中华人民共和国成立以来信访工作发展史的著作。

12
1998 年
大变革
——走向 21 世纪的世界经济
作者：杨成绪

　　在世纪之交，论述国际社会普遍关心的新世纪各国经济发展的走向，今天看来极具预测性。

13
1999 年
中国当代中青年经济学家论著文库
作者：刘 伟 等

国家"九五"重点图书，共收入当代中国经济学界 10 位中青年经济学家的著作，内容涉及当代人关心的经济理论与经济改革的热门话题。本丛书荣获"第十三届中国图书奖"。

14
2000 年
诺贝尔经济学奖获得者学术精品自选集
作者：萨缪尔森 等

以自选集的形式收入多位诺贝尔经济学奖获得者的代表性学术著作。

15
2001 年
美国新经济
作者：甄炳禧

全面介绍美国新经济的活力及所揭示的在新经济背景和技术条件下价值运动的规律。

16

2002 年

世界贸易组织概论

作者：刘　军 等

　　全面介绍世界贸易组织的历史、运行机制、贸易规则、争端解决机制的财经、贸易专业教材。

17

2003 年

中国农业保险与农村社会保障制度研究

作者：庹国柱　王国军

　　讨论农业保险的理论与实践，探讨发展中国特色农业保险的路径。本书荣获"第十四届中国图书奖"。

18

2004 年

物流工程研究

作者：王之泰

　　以系统论等科学研究方法论述物流深层次的问题，为打开物流宝藏磨制了一把钥匙。

19

2005 年

当代西方经济学流派与思潮

作者：吴易风

全面、系统介绍当代西方经济学各流派主要思想、代表人物、学术贡献、实践应用的高水平教材。

20

2006 年

整合营销传播：理论与实务

作者：卫军英

全面介绍西方整合营销传播理论，打造中国版整合营销传播理论与实践新体系。

21

2007 年

竞争优势：制度选择

作者：谢志华

本书不仅从理论上说明企业改革之路，更为重要的是以理论为指导提出了一整套国有资本和工业企业的运行模式。

22

2008 年

中国失业预警

——理论视角、研究模型

作者：纪　韶

　　从多方面对中国失业预警架构进行系统探讨与设计。本书荣获"北京市第十一届哲学社会科学优秀成果奖"一等奖、教育部"第六届高等学校科学研究优秀成果奖"经济学类三等奖。

23

2009 年

中华人民共和国经济思想史纲

[1949~2009]

作者：赵晓雷

　　国家"十一五"重点图书。本书全面、系统梳理 1949—2009 年中国经济思想的发展轨迹。

24

2010 年

中国经济创造之路

作者：黄海峰　周国梅

　　探讨从中国制造向中国创造，从制造大国向制造强国迈进之路。

25

2011 年

孙中山民生思想研究

作者：王 杰

国家出版基金项目，国内首部研究"三民主义"之民生主义的专著。本书荣获"中华优秀出版物"提名奖。

26

2012 年

中央商务区 (CBD) 文化研究

作者：蒋三庚 尧秋根

从文化内涵和文化产业的视角探讨全球 CBD 的发展历程与发展趋势，总结全球 CBD 文化发展的轨迹和内在规律。

27

2013 年

胡适文存

作者：胡 适

集中体现胡适先生的哲学思想、学术主张、文学理论，以及对新文化运动的探索，涵盖其一生之主要成就。

28

2014 年

邓正来选译哈耶克论文集

作者：哈耶克　译者：邓正来

从经济学、历史学、政治学、哲学及心理学等领域，多视角反映哈耶克的思想体系。著名学者邓正来亲选亲译。

29

2015 年

把成功作为信仰
——航天工程质量管理

作者：李　洪

我国首部对航天质量管理体系进行系统总结、科学归纳和付诸理论建构的一部力作，探析了运载火箭成功背后的深层原因，揭示其成功模式背后的企业文化、管理理念和质量保障体系。本书荣获第六届中华优秀出版物奖图书提名奖。

30

2016 年

国际信贷（第四版）

作者：宋浩平

出版社重视教材的培养。本书的第四版荣获陕西省高等继续教育优秀教材一等奖、首届全国教材建设奖全国优秀教材（职业教育与继续教育类）二等奖。

31

2017年

第一书记与精准扶贫

——农村扶贫工作思索与创新

作者：为 公

以高度的社会责任感关注精准扶贫工作，用纪实文学的形式介绍21位第一书记驻村扶贫的经历、心得分享和理论思考，其内容具有一定的全国推广和借鉴意义。

32

2018年

中国碳排放总量确定、指标分配、实现路径机制设计综合研究

作者：王文举 等

关注经济发展，紧跟学术前沿，定性与定量结合系统阐释解决碳排放问题的理论与实践，受到国内外学术界的高度评价。

33

2019年

中华人民共和国经济思想史纲

——经济思想发展与转型（1949—2019）

作者：赵晓雷

以宏阔视角全景展现中华人民共和国经济思想的发展演变脉络和过程，本书入选"十三五"国家重点图书、国家出版基金项目、中华学术外译项目（俄文版和英文版）等，是献给"中华人民共和国成立70周年"的厚礼。

34

2020 年

课程思政"三金"优秀教学设计案例

作者：楚国清　孙善学

　　总结一线教师开展课程思政的案例，为全面、系统进行课程思政建设提供"金扣子"、"金种子"和"金点子"。

35

2021 年

北京"四个中心"配套服务体系建设研究

作者：何明珂　魏国辰 等

　　我国首部对北京"四个中心"配套服务体系进行系统深入研究的著作，对北京城市发展和首都功能建设具有重大理论意义、现实意义和政治意义。

36

2022 年

从决战脱贫到乡村振兴的内生动力
——中国产业扶贫的理论与实践探索

作者：孙昊哲　李三鹏

　　从产业振兴角度为乡村振兴事业提供权威理论指引和成功实践范例，旨在将扶贫成功经验推而广之。本书为二十大献礼图书，北京市宣传文化引导基金项目。

专注与坚守

耕书者文集

首都经济贸易大学出版社 ◎ 编

首都经济贸易大学出版社
Capital University of Economics and Business Press
·北京·

图书在版编目（CIP）数据

专注与坚守：耕书者文集/首都经济贸易大学出版社编. --北京：首都经济贸易大学出版社，2022.10

ISBN 978-7-5638-3443-3

Ⅰ．①专… Ⅱ．①首… Ⅲ．①出版工作-文集 Ⅳ．①G23.53

中国版本图书馆CIP数据核字（2022）第211858号

专注与坚守——耕书者文集	
首都经济贸易大学出版社 编	

责任编辑	晓　地
封面设计	砚祥志远·激光照排　TEL：010-65976003
出版发行	首都经济贸易大学出版社
地　　址	北京市朝阳区红庙（邮编100026）
电　　话	（010）65976483　65065761　65071505（传真）
网　　址	http：//www.sjmcb.com
E－mail	publish@cueb.edu.cn
经　　销	全国新华书店
照　　排	北京砚祥志远激光照排技术有限公司
印　　刷	北京九州迅驰传媒文化有限公司
成品尺寸	170毫米×240毫米　1/16
字　　数	218千字
印　　张	13.75　彩插12页
版　　次	2022年10月第1版　2022年10月第1次印刷
书　　号	ISBN 978-7-5638-3443-3
定　　价	59.00元

图书印装若有质量问题，本社负责调换

版权所有　侵权必究

前　　言

　　大学出版社在成立之初，就承担着为大学教学科研和人才培养目标服务的职责和使命。大学出版社是面向社会大众的出版者，更是大学的出版者。首都经济贸易大学出版社前身为北京经济学院出版社，成立于1987年11月16日。在出版社的成长发展历程中，虽然外部环境跌宕起伏，但是出版社始终专注于专业出版，坚守为高等教育服务的宗旨。经过建社初期的艰辛创业、励精图治，之后的探索调整、改革创新和稳步推进，再到近期的直面数字环境变革，全面实施融合转型战略，出版社在专业化的道路上坚定前行。这是一家平凡的大学出版社，在其背后支撑的是一代又一代普通的出版人，然而大家凭借着对科学的敬畏、对学术的尊崇、对知识的热爱，坚守出版方向和职业操守，在书田上勤奋耕耘，在岗位上默默奉献，走出了一条不平凡的道路。从早期的"诺贝尔经济学奖获奖者著作丛书""企业家丛书"，以及《人事管理学辞典》《管子通解》等，到之后的"中国当代中青年经济学家论著文库"，以及《中国农业保险与农村社会保障制度研究》、《孙中山民生思想研究》等，再到近期的《中华人民共和国经济思想史纲》《中国碳排放总量确定、指标分配、实现路径机制设计综合研究》《把成功作为信仰》《探索中国式现代化之路》等，在学术领域形成了财经品牌优势；从早期的"劳动经济学系列教材""安全工程系列教材"等，到之后的"高等院校经济与管理核心课经典系列教材""房地产经营管理丛书"等，再到近期的"数据科学与大数据系列教材""通识书系""课程思政优秀教学案例库"等，在教材领域形成了学术与教材相互支撑，覆盖经管人文社科、工程管理、计算科学等60余个专业，涵盖硕士、本科、高职各层面的立体结构；从早期的纸本图书，到之后的书加光盘，再到近期的"纸+声+像"复合态产品，在产品领域不断融合升级；从早期的规章制度初建，到之后的全面建立规章制度，再到系统推进制度建设与业务同步迭代，在管理领域深化职能转型；从早期的传统主渠道发行，到之后的拓展网络渠道和创新营销手段，再到建立新媒体矩阵和差异化营销，在营销领域不断提升市场服务能力。出版社始终专注于成长，通过不断创新谋得了生存与发展。

在几届社领导倡导和推动下，出版社形成了"锐意进取、鼓励创新；追求质量、服务第一；敬业爱岗、团结协作"的企业文化，这一文化内涵得到接续传承，并不断发展完善，成为企业宝贵的精神财富。作为知识型企业，具有专业能力和素养的人才是最为核心的资源，建社初期的员工大多是来自各学院的生手，凭借着对出版工作的热爱，在干中学，在学中干，形成了一支有基本专业能力的出版队伍，培育了艰苦奋斗、吃苦耐劳、团结协作的办社精神。在之后的发展过程中，出版社创新用工制度，破除身份界限，积极引进、培养和使用人才，鼓励员工与企业共同成长，从而建立起一支知识结构合理、朝气蓬勃、能适应变革环境下新的市场竞争需求的高素质队伍。薪火相传，几代出版人始终坚守出版理想，通过文化传承和高品质服务赢得了社会和作者的尊重与信任。

2022年11月，出版社迎来35周年的生日，为此，出版社特将员工的一些学术思考，与作者的书缘书谊，对图书的专业评论，工作的随想和感悟30余篇结集出版。在这些文章的作者中，有为出版社发展呕心沥血、殚精竭虑的出版社往届领导；有虽然退休但依然心心念念牵挂出版社的老员工；有亲身参与出版社筹建、从一头青丝到两鬓染霜的资深编辑；有在出版社开启职业生涯，已成长为中流砥柱的业务骨干；有虽刚刚迈入出版行业，但已显露新锐思想的优秀青年。这些平实而感人的文字背后，是大学出版社持之以恒的专注和追求，甘居幕后，不求闻达天下，只为繁荣学术、传播先进文化；是为书"做嫁衣"者坚定不移的信仰和情怀，耕书不辍，只为大学精神和知识传扬。

在这里，要衷心感谢主管主办部门以及学校各级领导的悉心指导，感谢社会各界朋友和同仁的长期支持，感谢专家学者和作者朋友的诚挚信任，感谢读者朋友们的热爱和关心！是你们深切的关怀和爱护、诚挚的信任和帮助，指引、陪伴出版社的一路成长，激励出版社不断探索发展。

未来已来，出版事业即将步入一个崭新的时代，我们将一如既往，不断学习，不断成长，为更加美好的未来而勇敢前行！

目　　录

出版社简史 ……………………………………………………………… 1

学术论文篇

经济效应视角下传统出版业融合演进分析 ………………………… 杨　玲/33
试论新时代学术型出版团队的人文内核与文化治理 ……………… 潘　飞/42
融合出版背景下中小型大学出版社营销转型的思考和探索
　　——以首都经济贸易大学出版社营销转型探索为例 ………… 潘秋华/48
教材图书市场的"柠檬"现象与社会评价机制的构建 …………… 杨　玲/53
关于建立高校教材评价体系的思考 ………………………………… 周义军/62
新时代大学出版社教材建设在"育新人"中的使命与任务 ……… 王学江/68
专业英语教材出版简析
　　——以"经贸英语丛书"为例 ………………………………… 田玉春/80
出版家汪孟邹经营才能新论 ………………………………………… 孟岩岭/85
浅析图书出版质量 …………………………………………………… 彭　芳/93
一本书在增值的路上可以"走"多远
　　——以《决战金融街》为例谈图书 IP 增值 ………………… 王玉荣/98
出版企业信息管理方法及功能的探讨 ……………………………… 朱志平/105

我与作者篇

一本书和它承载的一段友谊 ………………………………………… 乔　剑/113
昨日逢君开旧卷 ……………………………………………………… 乔　剑/116

难忘的人　难忘的事	……………………………………	薛　捷/119
与张晓山老师交往二三事	……………………………………	田玉春/126
做彼此成长的见证者	…………………………………………	潘秋华/129

书评篇

做财富小管家，不做败家小怪物 ………………………………… 彭　芳/137
我们需要诗意的生活
　　——读王亚《一些闲时：诗词里的茶酒音画》 ………… 孟岩岭/141
人生恬淡常清景，莫负光阴勤作词
　　——读卫军英《栖溪风月》 ……………………………… 孟岩岭/144
书评两则 …………………………………………………………… 薛　捷/149
读《纳什博弈论论文集》
　　——"美丽心灵"者的灵魂之舞 ………………………… 杨　玲/154

随感篇

回顾与期待
　　——建社35周年随笔 ……………………………………… 周嘉硕/159
另类的"盲盒"
　　——《媒介盲盒》策划手记 ……………………………… 佟周红/163
给《决战金融街》这套书做个年终总结 ………………………… 王玉荣/167
《做正确的事：以价值为基础的经济学》出版随笔 …………… 王玉荣/172
我是一本教材，我也想要美美哒
　　——浅谈我社教材图书的装帧设计 ……………………… 彭伽佳/176
流光容易把人抛 …………………………………………………… 徐燕萍/180
初识出版工作 ……………………………………………………… 陈雪莲/183
我在出版社的"第一次" ………………………………………… 彭　芳/187

目　录

社长寄语之一　坚守理想，专注成长，以专业高效服务

　　　　　　　谋发展 ………………………………… 杨　玲/190

社长寄语之二　强化价值引领，以深度融合推动教材的

　　　　　　　高质量出版 …………………………… 杨　玲/193

热爱、真诚、勤奋

　——一个老编辑的感悟 ……………………………… 刘　红/196

若干第一次的记述 ……………………………………… 林其宝/198

做一名认真负责的编辑 ………………………………… 杜浩南/200

关于图书营销的随想 …………………………………… 孟　欣/202

责任与担当

　——我在出版社的两年 ……………………………… 张　蕊/205

编辑，以责任之名 ……………………………………… 赵　杰/209

出版社简史

光阴荏苒，转瞬间，出版社已走过35个春秋。35年的时光，有艰辛、磨难，也有欢乐、幸福，这是每个出版社人的共同感受；35年的过往，有回忆、反思，更有展望、期待，这是每个出版社人的共同心声。

一、励精图治，艰辛创业（1986年9月—1989年8月）

（一）成立经过

首都经济贸易大学出版社前身为北京经济学院出版社，成立于1987年11月16日。

创建出版社的工作始于1986年。当年9月，原北京经济学院正式成立出版社筹备组，开始出版社申办工作，筹备组组长由李培颖担任；1987年，改由张家慈任出版社筹备组组长。这期间，筹备组积极工作，按国家规定的办社条件逐一落实，对外联系落实协作印刷厂，对内组建编辑、出版队伍，制定各项规章制度。经过半年多的努力，申办出版社的条件基本具备，出版社于1987年11月16日经新闻出版署批准成立。

成立后的出版社领导成员包括：社长臧吉昌（副院长兼）、副社长张家慈、总编辑王又庄、副总编辑李玉臣、党支部书记董洪敏。

（二）成绩与经验

出版社建立之初，条件简陋：北京经济学院拨付创建费20万元，另有价值20万元的印刷设备，办公用房2间；员工多为来自学院各单位的生手。但凭着对出版工作的热爱，在大家的共同努力下，这一时期出版社站住了脚，并获得了一定的发展。

1. 出版了一批有价值的图书

这一时期，出版社组织出版了一批在社会上具有较高声誉的图书，其中较有影响的是"诺贝尔经济学奖获奖者著作丛书""企业家丛书""劳动经济学系列教材"，以及《人事管理学辞典》《管子通解》，等等。"诺贝尔经济学奖获奖者著作丛书"是国内较早的一套系统介绍西方经济学思想的大型丛书，该丛书在学术界影响颇大，对刚刚成立的出版社创建品牌起到了重要的支持作用，其中的《管理行为》一书还荣获了全国优秀图书奖。

2. 进行了初步积累

两年时间里，在全社员工的共同努力下，出版社共出版图书100余种，其中单本书最高印数达10万册，单本书最高销售码洋达30余万元，取得了一定的社会效益和经济效益。

3. 初步建立了一支有基本专业能力的出版队伍

出版社员工在干中学、学中干，专业技能有了明显提高，基本掌握了图书出版全过程的运作方式。所出图书中有1/3以上的书为自主策划、组稿完成的，图书排、印、装的质量也得到了稳步提高。出版队伍业务水平的提高为出版社今后的进一步发展提供了保证。

4. 培育了艰苦奋斗、吃苦耐劳、团结协作的办社精神

出版社成立时，办社条件很差，全社的交通工具只有一辆小三轮车，送书、发货全依靠它；发行人员少，每到发货高峰，无论编辑还是行政人员，只要有空都会参与图书打包、送站的工作；编辑、发行人员骑着自行车找作者、跑业务；为了早出书，编辑、出版人员经常下厂点校，常常在深夜回家……这种创业精神，今天已经成为出版社企业文化的组成部分，影响着每一位员工。

由于出版社尚处于创建初期，难免存在着许多问题，如没有牢固树立为教学、科研服务的观念，规章制度不健全，编校质量不高，等等。

二、调整充实，稳步发展（1989年8月—1995年11月）

（一）短期整顿

1989年下半年，国家开始对全国的出版社进行整顿，并重新登记。由于我社出版的几本图书存在严重问题而受到市新闻出版局的通报批评。1989年8月，按上级主管部门要求，北京经济学院党委决定对出版社进行整顿，并组建了整顿领导小组，组长臧吉昌，成员包括王又庄、李玉臣、骆鸣渊、王守志。整顿期间业务工作基本停顿。

1990年5月，学院党委进一步调整、充实了出版社的领导班子：

（1）建立直属党支部，加强党的领导；

（2）任命专职社长，加强对出版社工作的全面领导；

（3）充实副总编辑一职。

新领导成员包括：社长霍瑜宗，直属支部书记兼副社长郭斌，总编辑王又庄，副社长兼副总编辑骆鸣渊。1994年12月，任命陈文冰为副总编辑。新领导班子的组建，标志着出版社整顿工作的基本结束。

全社员工在新领导班子的带领下，捐弃前嫌，总结经验，吸取教训，积极工作，使出版社的工作有了明显的改观。

（二）成绩和经验

在新领导班子的带领下，全社员工对过去的工作进行了认真反思，进一步认识到要搞好出版社的工作，除了提高思想认识外，还要有严格的规章制度。1990年5月后，出版社重点抓了建章立制工作。

1. 建立了各项规章制度

（1）建立总编会议制度。出版社成立后，由于思想上不重视，对选题的确定一直未认真履行过三审制度，个别选题未经集体讨论甚至不通过总编辑便由个人决定，《男女之道》等超范围图书就是这样产生的。为了接受教训，防止此类事情再次发生，从1990年起，出版社建立了总编会议制度，专门研究、论证、确定选题，讨论与编辑工作有关的重大问题，并明确规定，未经总编会议集体讨论通过的选题，不得上报，无权得到书号。这一规定从根本上杜绝了不符合本社出书方向的选题入选。

（2）设计图书出版流程图。为了理顺编辑、排印、装订的关系，提高出书质量，出版社设计了图书出版流程图，并以严格遵照流程图出版作为我社工艺流程的一项制度加以试行。流程图的内容包括：规定了图书从收稿到出版各环节的顺序，应达到的要求及需完成的工作；规定了完成各道工序的参考时间。这一制度的执行，收到了较好的效果。它使每位工作人员对自己的工作责任、工作任务及完成时间更加明确，对一些不按规定办事的现象起到了一定的遏制作用。另外，由于流程图规定了各道工序的参考时间，既有助于提高书稿质量，又保证了图书出版的进度，出版社检查各部门的工作也有了依据。流程图对理顺、协调工作关系起到了积极的作用。

（3）制定《校对质量标准及付酬办法》。出版社成立后，一直无专职校对人员，全部校对工作均由社内同志利用业余时间完成。校对工作存在着变相福利补贴的倾向，完成三个校次便可开印，校对质量好坏无人过问，结果造成图书校对质量低，甚至个别书籍存在较为严重的校对错误。针对这种情况，出版社制定了《校对质量标准及付酬办法》，严格规定了三校一通读的制度，并对各校次应达到的质量标准提出明确要求，规定了达到标准和达不到标准的不同付酬办法。该办法试行后，收到了很好的效果。它使所有参加校对的人员工作责任心大大提高，图书的校对质量有了明显的提升。

此外，还制定了编辑工作条例、各部门的岗位责任制等。这些条例、规章制度使出版社的各项工作有章可循，工作更加科学化、规范化和程序化。

2. 调整出书结构

通过学习与讨论，大家进一步明确了高校出版社为教学、科研服务的宗旨，明确了选题是体现这一方向的重要标志。几年中，出版社的选题绝大多数为教材和学术专著。以1991年为例，全年组织的选题136种，其中教材、学术专著75种，占总品种的55.1%，其他经济类图书54种，占总品种的39.7%。这种结构使我社的专业形象更加突出，为今后进一步发展奠定了基础。

3. 成立"北京经济学院教材、学术类著作出版基金"

为缓解学术著作出版难的问题，1991年，出版社发起并出资成立了"北京经济学院教材、学术类著作出版基金"，在上年利润不高的情况下，仍拿出利润的50%作为本院教师教材、学术专著的出版补贴，并承诺以后每年从盈利中拿出5万元作为出版基金，扶持本院教师重点教材、学术专著的出版。基金的建立对明确出版社的办社宗旨、促进学院教学科研活动起到了积极的作用。

4. 出书品种逐年增长，经济效益、社会效益明显提高

6年中，出版社每年出书品种为60余种，较前一个时期有了明显的提高，销售码洋、利润呈逐年递增之势；此外，还有29种图书30次在省、部级图书评奖中获奖。

这一时期，出版社的工作有了明显的进步，在人力、物力、财力等各方面为出版社的进一步发展奠定了基础。

三、改革创新，共创佳绩（1995年11月—2009年12月）

1995年11月，学校对出版社领导班子再次进行了调整，任命冯虹副校长兼任出版社社长，周嘉硕为出版社常务副社长兼总编辑并主持日常工作，郭斌为直属支部书记兼副社长，陈文冰仍担任副总编辑；12月，任命苗凯为出版社副社长。两校合并后，1996年5月，新闻出版署批复出版社更名为"首都经济贸易大学出版社"。2001年1月邵民福任出版社直属党支部书记，周义军任副社长并于2007年5月任总编辑，2007年5月杨玲任副总编辑、副社长。2008年3月，朱志平任出版社直属党支部书记、副社长。2009年，出版社启动改制工作。2009年12月，成立首都经济贸易大学出版社有限责任公司董事会。2010年8月31日，新闻出版总署批复同意将首都经济贸易大学出版社变更名称为北京首都经济贸易大学出版社有限责任公司。由周嘉硕担任公司董事长。

这段时期，在新领导班子的带领下，出版社进入了较快发展时期。

（一）进一步明确出版结构，创建鲜明特色

根据出版社多年的发展实践及同类出版社的经验，社领导组织全社员

工大讨论，进一步明确了将出版高等教育专业教材作为我社今后进一步发展、展现特色、创建品牌的方向。为此，出版社在"十五"规划和"十一五"规划中确定了20余个系列百余种教材的出版计划，工程全部完成后，我社教材将基本覆盖经管类各专业及满足各层次的需要。实践证明，这一举措收到明显的成效，使出版社得到快速发展，并为今后发展奠定了基础。

（二）提高员工素质，创新用工制度

1998年后，出版社经严格筛选，三次引进了具有硕士学位的员工，同时让符合条件的在职人员攻读学位。此举措大大优化了出版社人员的知识结构和年龄结构。这些员工不仅为出版社创造了价值，而且已经成为出版社可持续发展的中坚力量。经过多年努力，出版社建立起一支知识结构、年龄结构合理，能适应图书市场竞争需要，有较高素质的职工队伍。

2005年，出版社进一步改革用工制度，招聘了8名合同制编辑。这一创新不仅为出版社增添了活力，同时使老员工感到了压力，激发了干劲。

（三）基本形成良好的企业文化

在几届社领导倡导和推动下，出版社的企业文化逐步形成。它从另一个方面有效地规范了员工的行为，促进了出版社的发展。出版社的企业文化可以概括为：锐意进取、鼓励创新；追求质量、服务第一；敬业爱岗、团结协作。这一文化的内涵还在不断发展与完善中。

（四）全面建立健全规章制度

为适应新形势，充分调动员工的积极性，规范员工行为，保证图书质量，这一时期出版社对已有规章制度做了全面梳理，进行了全面建立健全规章制度的工作，先后建立的规章制度有30余个，基本理顺了编辑、出版工作，从制度上保证了出版社工作的顺利开展。

（五）以沙龙方式构建民主通道

为广开言路，充分体现全员办社的精神，从2001年开始，出版社每月举办一次沙龙活动，议论的主题包括出版社的办社宗旨、经营之道、出版结构、组织机构设置等各个方面。沙龙活动大大提高了社领导决策的民主化、科学性水平，对上下之间、员工之间沟通信息、达成共识和相互理解起到了积极的作用。

（六）探索多种经营途径

2004年，出版社在北戴河创办首都经济贸易大学出版社创作基地和首都经济贸易大学教育培训中心，不仅为我校开展培训活动、为作者创作提供了优良的环境，同时对出版社开展多种经营进行了有益的尝试。

（七）明显提升经济效益和社会效益

这几年，出版社的出书品种、销售码洋逐年递增，成为出版社建社以来发展最好的时期，取得了显著的经济效益。

在狠抓图书质量的同时，出版社将提高产品知名度作为重要工作常抓不懈。几年中，有80余种书获省部级各种奖项，其中"中国当代中青年经济学家论著文库"以及《中国农业保险与农村社会保障制度研究》荣获中国图书奖，刷新了我社图书的获奖等级，对提高出版社的声誉产生了重大影响。

四、体制机制改革与新的发展（2010年1月—2017年3月）

这一时期，是出版社新旧体制转换及新体制建立后的改革发展阶段。

继此前成立出版社董事会，周嘉硕任董事长后，2010年1月，周义军任出版社经理（社长），杨玲任总编辑，朱志平任副经理（副社长）。2010年10月，北京首都经济贸易大学出版社有限责任公司在北京市工商局登记注册，转制工作初步完成。2011年5月，周义军任出版社董事长。2015年6月，王学江任出版社副经理（副社长）。

2011年12月，出版社投资主体变更手续完成，出资方式由学校出资变更为首经贸大（北京）资产管理有限责任公司（以下简称"资产管理公司"）出资，转制工作全面完成，出版社成为学校资产管理公司下属子公司，开始了新的管理体制下的运作，得到进一步的发展。

(一) 启动新的管理体制与内部分配机制

改制后，资产管理公司代表学校作为出资人，强化了对出版社的产权约束，出版社按时向学校上交资源使用费、向资产管理公司上交一定比例利润成为多年来的硬性义务。同时，与由事业单位转为企业单位相适应，出版社启动了新的内部分配方法与机制，制定并实施了新的人力资源管理、财务管理、成本核算、编辑人员绩效考核、发行人员绩效考核等制度，总体原则是淡化了由于历史原因形成的体制内外身份色彩，弱化了职工固定收入，强化绩效关系。分配机制的变化触动了员工的收入分配格局，但在大家共同配合下，改革阵痛期平稳度过，新的体制机制顺利运行。

(二) 开展教材整合

随着高校教学和课程改革，为使教材体系构成与新的形势相适应，将原有各门类、各专业、各系列的教材改造成更为科学合理、完整的经管类教材体系，发挥专业出版优势，出版社组织编辑人员广泛进行市场调研，全面审视多年来已出版的10余套、近200种系列教材所涉专业及发展方向，制订并开始实施教材整合方案，具体责任落实到人，对各系列教材所涉品种进行合理的取、舍、增，适应变化了的教材市场的发展方向，使教材品种的出版具有可持续性，继续作为出版社重要的利润来源。

(三) 创新营销手段

伴随数字、网络等新的出版形式而来的人们阅读习惯的改变，纸质版图书的出版发行面临困境；高校招生人数下降，学生自主决定是否购买教材、自行复印教材愈演愈烈等情况，对以教材销售利润为主要利润来源的出版社也带来了很大的压力。为此，营销部门加大开拓市场的力度，拓展销售渠道，创新营销手段，采用网络、微博、微信等推广方式努力保持市场份额；出版社创造条件，使编辑人员参与从策划选题开始到图书推广的全过程营销，取得了较为明显的成效。

同时，开展与中间商的合作，由对方组织当地院校教师编写教材，并负责当地的推广工作，保证了一些教材销路的稳定。

（四）拓展出版方向

在教材品种挖掘难度日益增加的情况下，从考核机制入手，鼓励编辑和发行人员加强一般市场类读物的选题策划与市场推广工作，并在人员安排、经费投入、宣传推广上采取相应措施，使这类图书无论是出书品种还是发行码洋都有了较大的增长，在一个时期内，扩大了该类图书品种在出版社所占份额，增加了利润来源点。

与此同时，与相关机构合作，出版此类图书，如：与中国并购公会合作，出版《中国并购行业行为准则》《中国并购与股权投资基金年鉴》等；与亚洲商学院合作，出版《股权投资基金与并购》等；与中国股权投资基金协会合作，出版《中国股权投资基金手册》等。这类合作均取得良好效果。

（五）服务学校大局

几年中，出版社每年为学校教师和相关部门出版专著和教材均在30种左右，支持学校学科和专业建设及科研活动。在与其他图书的出版进度等方面发生冲突时，优先保证本校图书的出版。在学校具有鲜明特点和知名度的特大城市研究、京津冀协同发展研究、CBD研究等方面，出版了一系列专著和研究报告，如《特大城市治理研究》《首席专家论京津冀的战略重点》《京津冀协同发展的基础与路径》《首都经济发展报告》《CBD年度报告》等，取得了广泛的社会影响，增加了学校的社会美誉度。

在必要的时候，出版社总是超越正常经营的考虑，不计自身利益，无条件服从学校大局。自2012年起，学校每年都要推出一部字数超过150万字的年鉴，出版社投入很大的编辑资源，保证该书的出版。2016年65周年的校庆活动是学校工作的重中之重，包括篇幅在200万字的《首都经济贸易大学校志》在内的8种图书准时出版是校庆的重头戏之一，出版社举全社之力，以高强度的工作和超乎寻常的流程，在极短的时间里集中、按时、优质完成了工艺要求非常复杂的8部校庆图书的出版工作，保证了校庆用书。

这一阶段，在取得社会效益的同时，也保持了较好的经济效益，扣除上交学校资源使用费和资产管理公司利润后，出版社净资产和流动资金有了较大幅度的增长。

五、直面困境，转型变革前行（2017年3月至今）

2017年3月，经公司董事会批准，报学校党委同意，任命总编辑杨玲为出版社董事长、社长兼总编辑，出版社的发展进入了新的阶段。这一时期，对领导班子做了进一步调整、充实，除王学江继续担任副社长外，2017年4月任命赵杰为社长助理，2017年11月任命孟岩岭为副总编辑。2021年12月任命赵杰为副社长。这些举措不仅完善了领导班子结构，而且对两种用人体制下员工的脱颖而出产生了正向激励的作用。

（一）应对环境变化，实施转型发展战略

随着信息技术和数字阅读的普及，出版的政策环境和产业格局发生了深度变革，传统出版面临着严峻的挑战。对进入而立之年的出版社而言，影响主要体现在以下几个方面：一是政策面，国家强化出版导向和供给侧改革，要求出版以减量发展促质量提升；二是产业面，疫情加大了对智能媒体、网络教学服务商和平台销售商的影响，传统出版依靠纸本批量生产和传统渠道销售的盈利模式受到根本性冲击；三是市场面，用户的需求更加注重体验，更加分散和个性化，要求图书产品脱离纸本模式，形成复合形态，以适合不同场景学习和阅读的需要。因此，出版社要谋得生存和长远发展，必须打破传统的思维定式，打破传统的生产和管理模式，尽快实现产品、服务的转型升级。面对种种困难和挑战，出版社积极应对，以变应变，全体员工上下一心，团结一致，共谋发展。

1. 统一思想，齐心协力聚焦产业变革

这一时期，出版社通过梳理问题清单，做到清醒自知，围绕"以变应变，从我做起"组织全社员工开展头脑风暴，共谋出版社转型发展大计。经过讨论，出版社上下对未来发展思路和出版方向达成共识，即聚焦专精，回归本源，明确"学术为源、教材为本、市场为先"的出版方针和

"弘扬学术精神、传播财经科学、彰显人文情怀"的出版理念。同时，为适应产业融合和市场环境的变化，出版社强化顶层设计，根据我社的专业属性、产品结构特征和企业规模体量，制定了"以管理创新保障融合深化、以重点项目驱动能力升级、以开放合作拓展资源约束"的融合发展战略。以纸数一体化为目标，将融合发展作为提高产品和服务能力，实现出版社从传统生产企业向知识服务企业转型的路径选择，纳入出版社的发展战略、经营策略和年度工作计划。

2. 内培外引，以人才建设促进能力转型

这一时期，为解决编辑和发行一线人员短缺和业务能力普遍老化的问题，增强组织应对复杂环境的能力，出版社以服务转型为目标，前后引进14名员工，占员工总数的41%。其中，编辑6名，发行人员4名，数字及新媒体编辑1名，总编室、办公室行政人员3名。由社领导和部门主任对新员工进行入职系列培训，在主任和师傅的带领下，新员工快速成长并进入角色。通过新人的引进和培养，我社解决了新旧交替的问题，优化了员工知识结构，推进了出版社业务板块的开拓与发展。同时，出版社开办企业成长课堂和定制专业培训课程，鼓励员工参加数字编辑职称评定、数字业务学习和业界培训。建立项目兴趣小组，通过经验交流、内部研讨、知识分享等多种方式构建学习型组织，形成共同的价值导向，使员工对政策和环境变化有了更深入的理解；号召员工与企业同步成长，推动业务能力由擅长传统出版向迅速适应新型出版的转型。这一时期，有5名员工获得职称晋升，3名传统编辑获得数字编辑职称。

3. 制度先行，系统推进模式变革管理

这一时期，为推进各项变革战略的落地，激发员工的积极性，围绕绩效目标、出版导向、人员激励和业务流程优化等，从制度层面启动系统建设，对各类规章制度进行全面修订更新，实现制度建设与业务需求的同步迭代。通过上下多次讨论酝酿，解决分歧，对劳动人事制度和考核制度进行修订，制定了新的绩效考核、年终奖励和考勤办法；强化中层作用，制定了各部门主任的岗位职责及考核办法；为规范运营，制定了内部控制制度、学术出版资助规范、临时选题申报制度等。总计修订制度31项，制定新的制度、管理办法和流程规范27项。通过制度建设推进业务分工、量化考核、业务规范和职能转型，营造了积极向上、鼓励奉献的工作氛围。

4. 优化组织分工，深化转型职能落地

这一时期，推行目标管理制，统筹制定全社经营目标、管理目标和核心能力建设目标，并将目标分解落实至业务部门和相关责任人。在实现产品和销售模式初步升级的基础上，以管理和组织创新为驱动，优化组织结构和管理分工，深化转型。

从社级层面对主管领导进行了调整，由王学江负责发行工作，全面负责产品销售策划、销售促进、销售和市场营销工作，强化发行工作，更好地应对市场变化；由孟岩岭主管编辑业务，负责三审、编辑流程管理、质量管理、总编室管理，以及编辑队伍培养与建设等工作，强化编辑流程管理，提高编校质量，优化编辑队伍；由赵杰分管信息与复合出版，负责信息协同、贯通与标准化、纸数同步、ERP 流程管理，并协助社长、总编辑做好选题和书号管理、项目对接与效益提成等工作。

在编辑层面，对编辑室职能和分工进行调整，成立 2 个策划编辑室和 1 个文案编辑室，并积极发展外聘编辑力量，提高了编辑效率，加快了出版进度。同时，强化编辑室功能，由编辑室主任组织编辑室开展日常业务活动。新的编辑绩效考核办法，考核指标更为明确，考核项目更为细化，强化编辑责任意识，体现市场导向的绩效考核激励原则，一定程度上提高了编辑的工作积极性。

成立图书质量检查中心、信息与出版中心，强化图书质量的常态化管理。总编室统领数字流程和数字资源管理，对图书的工作流进行再造，实现了业务流和信息流的数字化，建构了纸数一体、同步运行的基础。

上述措施在一定程度上解决了转型中传统出版面临的难题，即原有职能部门难以承担新需求和交叉需求难以落地的问题，使出版社各项工作较过去更加顺畅，提高了生产效率，推进了内容端整合和市场服务能力的提升，为实现出版深度融合发展奠定了基础。

5. 升级产品开发建设模式，强化学术板块建设

这一时期，在信息技术的推动下，高校人才培养模式和教学方式有了根本的变化。我社围绕学校和出版社重点学科方向，创新产品开发建设模

式,将策划和组织前移,与院校同步建设推进。例如,完成"数据科学与大数据系列教材"的首批教材建设工作,该系列教材由我社与北京大学出版社联合出版,并被列为教育部专业教学指导委员会推荐教材。制定图书产品和渠道建设方案,明确产品建设和渠道建设,初步形成以编辑室主任为产品经理的团队建设模式。在对出版社选题存量和现有产品状况进行全面系统梳理的基础上,按专业和产品板块要求,通过强化编辑室职能和分工,发挥整体和协同作用。明确各编辑室的产品建设方向,加快产品更新速度,并对优势和特色板块进行重点建设。制订并落实教材整合建设方案,对现有产品进行修订和增值服务升级。除缩短教材修订周期外,课件配置和更新率有了较大幅度的提高。此外,开设知识店铺和教材服务号,增加服务深度。上述措施适应了新形势下为高校教学科研服务的新需求,取得了良好成效。

为应对困难,出版社在坚持教材为主的前提下,依托高校,利用社会各种优质资源,开发优秀学术著作,形成财经专业领域学术著作+高校教材+配套数字出版资源的出版格局,为教材季后图书销售提供更多品种。在财经、传播和信息科技领域强化翻译板块建设,出版翻译图书《财富小管家,还是败家小怪物?》《危机与复苏》《做正确的事》,以及"国际华莱坞译丛"等一批有影响力的翻译图书。实践证明,在图书市场疲软的环境下,这一战略不仅丰富了出版社的产品品种,也为出版社带来了良好的社会效益和经济效益,并帮助出版社积累了出版资源,为后续教材产品的开发奠定了基础。

6. 扩大与产业链各方合作,持续推进深度融合

这一时期,在融合转型中,出版社面临着资金和人才紧缺的严峻挑战。为此,我社采取以重点项目为驱动,扩大与产业链各方合作,不断拓展业务边界的方式,实现融合建设的开创性突破。

(1) 2018年12月与中国广播联合会有声阅读委员会达成战略合作协议。以优秀图书《党性的诠释》为基础,与中国广播联合会有声阅读委员会专家团队联袂打造的"党性的诠释APP"是出版社首部数字产品。该产品实现了传统纸书向数字产品的突破,荣获北京市宣传文化引导基金优秀网络出版项目,其有声版产品上线"学习强国",取得了很好的社会效益,

并实现了合作各方的共赢。《决战金融街》通过 IP 运作，与北京新闻广播电台合作，制作了同名小说长篇广播节目，在北京广播电台晚间黄金时段连续播出 80 多集，受到广大听众的好评。

（2）将教材的建设重心从生产需求导向转为价值需求导向，根据智慧课堂教学模式的需求，制定新版《教学资源管理办法》，对数字增值服务进行战略投资，建设电子样书展示平台，并向教师开放，免费提供教学资源，通过数字资源与纸本的有效联动，提高了教材的综合服务能力。与畅想谷平台合作开展教材云展营销活动，有针对性地宣传我社的大学教材，精准服务高等院校教师人才培养需求；与云展网合作开通微信平台教材云展示服务，提升院校教师样书选择便利性和线上阅读体验，持续提升教材对学校师生的触达性。

（3）以平台整合资源，形成媒体矩阵，全面展示融合成果，提高营销服务的精准性。经过几年的建设，出版社已建成微信公众号、视频号、教材服务号、网站、微博、知识店铺、微店等新媒体矩阵和知识服务平台，拓展了优质图书在电子图书阅读市场群体中的占有率。与中国新闻出版广电网、百道网、高校教材网签订合作协议，利用合作网站的传播能力，与出版社自媒体形成互联网营销平台，微信公众号、服务号、官网、微博等形成互动和差异化定位。与人天等网络图书销售商合作，尝试出版社自有图书的电子版销售；加强馆配图书推广力度，完成了 280 余种学术著作的电子馆配。目前，该项工作刚刚起步，但它是可预测的未来的销售渠道之一。强化网络营销及移动终端的宣传，加强出版社的自营销能力，组建自营的网店、微店等，开办京东自营店、微店并实现销售额的增长。总之，通过搭建知识店铺、微店平台、拓展有声市场，与京东、当当、百道网等建立合作联盟，拓展了出版社的信息空间和生存空间。

（4）通过管理流程化，以应对疫情冲击为契机，提升数字能力和自我管理能力。将融合发展目标逐层分解细化后，有效融入业务流程，实现管理的流程化。将融合发展带来的新需求和新功能进行梳理归纳并落实到相应部门。通过管理的数字流程化，实现业务与管理的同步迭代，有效提高了目标任务的执行性和完成率，提高了编辑、发行和行政管理人员的数字素养，使出版社的自我管理、数字运营能力和网络营销能力得到提升。

（二）实现社会效益和经济效益的双增长

这一时期，在全社员工的共同努力下，出版社的图书出版工作取得了一定成绩，主要包括：

1. 以重点图书引领精品出版

这一时期，围绕宣传贯彻习近平新时代中国特色社会主义思想和党的十九大、二十大精神，庆祝改革开放40周年、中华人民共和国成立70周年以及国家的重大经济部署，结合出版社的专业定位和学科优势，策划和组织了重点图书60余部，入选国家及省部级项目25项。其中，《中华人民共和国经济思想史纲》等4部图书入选国家重点图书，《中国碳排放总量确定、指标分配、实现路径机制设计综合研究》等3部图书入选国家出版基金项目，《党性的诠释》《大运河文化》等8部图书入选北京市重点图书项目，《第一书记与精准扶贫——农村扶贫工作思索与创新》《从决战脱贫到乡村振兴的内生动力——中国产业扶贫的理论与实践探索》《运河上的京津冀》等6部图书以及"北京文化新视点"丛书等入选北京市宣传文化引导基金项目。

2. 围绕重点项目提振出版社的形象和品牌影响力

结合重点图书的出版启动品牌系列推广活动，2018年结合北京市文化宣传引导基金项目《第一书记与精准扶贫——农村扶贫的工作反思与创新》成功举办新书发布会，结合《发展与转型——改革开放40年中国经济思想变迁》《突破思想瓶颈——改革40年的政治经济学》重点图书成功举办首都经济贸易大学纪念改革开放40年学术论坛等，《人民日报》、北京电视台、人民网、新华网、光明网等权威媒体均进行了报道，在实现服务目标的同时，扩大了社会影响力。

3. 以出版平台为载体，积极为社会尽职尽责

为深入探讨疫情对中国经济带来的冲击，应采取何种应对机制以及其中蕴含着怎样的变革机遇，出版社积极响应市委宣传部的倡导，发挥自身资源和平台优势，于2020年2月2日启动了"抗击新型冠状病毒 关注中国经济发展"征文活动，旨在汇聚各领域专家学者的智慧，以实际行动参与到抗击疫情的战斗中来。2月4日，出版社通过社官方微信和微博发出

征文启事。随后首都经济贸易大学官方微信、中国传媒图书商报、百道网、中国高校教材网等媒体进行了转发，迅速扩大了活动的影响力。2020年2月17日，《现代教育报》以"发挥首经贸优势，关注中国经济发展"为题，对征文活动和入选文章进行了报道，当日"学习强国"全文刊载了该报道。

同时，出版社从专业视角围绕疫情冲击、应对机制以及其中蕴含的变革机遇，策划组织了一系列"战疫"选题。2020年10月，由著名物流专家、北京物资学院副校长何明珂教授领衔的《突发公共卫生事件下的物流与供应链管理》《突发公共卫生事件下的新技术应用与管理》两部图书出版，聚焦疫情之下供应链的突出和关键问题并展开研究，填补了国内市场空白，荣获宝供物流奖和物华图书奖。

疫情期间我社为教师转曲图书99部，向300余所院校提供电子版教材近200种，课件近300种，教材样书200余册，为客户快递样书2 000余册，平均较往年折扣下调1.8%，总投入达100余万元。

4. 学术走出去取得重大突破

推动中国学术走出去方面，我社对外版权输出取得重大突破。《中华人民共和国经济思想史纲》俄文版入选2020年国家社科基金中华学术外译项目，英文版输出协议已与加拿大皇家柯林斯出版社签订，对于我社学术图书"走出去"具有里程碑意义。国家重点图书《中国碳排放总量确定、指标分配、实现路径机制设计综合研究》、校出版基金图书《教师的吸引、保留与激励》英文版成功输出，由世界著名出版公司英国劳特利奇出版公司出版。"华莱坞电影研究丛书"被海外多家高校图书馆馆藏。

5. 课程思政板块图书建设成效显著

几年来，出版社全面贯彻党的教育方针和出版方针，服务于高校立德树人的根本任务，积极组织课程思政板块建设并取得可喜成效，其中，《课程思政"三金"优秀教学设计案例》共三辑，该书是同类书中较早投入市场的，由于贴合一线教师需求而得到市场认可，一度位列京东同类图书销售排名榜首；"课程思政优秀教学案例库"系列图书，涵盖经济学、管理学、文学、法学等相关专业课程，为学校课程思政建设做出了贡献。这些图书准确的定位和贴近课堂的设计为全国高校教师开展课程思政教学活动提供了模板和范例，获得普遍好评。目前，这一板块已形成由案例、学术研究、专业教材构成的规模体系，并向深层次发展。

6. 加强意识形态把关和图书质量管理

加强意识形态把关、提高图书质量一直是出版社强调并持续努力的一项工作。针对连续几年在主管部门组织的图书编校质量检查中结果不尽如人意的情况，出版社从制度和组织层面着力解决，2021年出版社成立了质检中心，由出版社副总编辑分管，文案编辑室主任负责日常管理。质检部成立后，对全社图书的质量管理工作进行了重新梳理，制定规程，加强管理，重点做好以下工作：一是加强图书印前质检工作，做到全社图书应检尽检；二是对重点图书加大质检力度，抽检字数显著高于一般图书，确保图书编校质量；三是加强编辑业务学习和对新编辑的培训，对于日常工作中出现的典型问题归纳汇总后不定期组织编辑的集中学习；四是建立图书阅评制、修改完善编辑质量管理工作制度，明确了相关责任和奖惩制度。2022年，在全社编辑和相关部门的共同努力下，当年送检图书全部合格，其中《生态保护补偿行为的法律属性研究》一书差错率为0，创造了出版社历史上的"第一次"。图书质量管理是一项需要长期坚持、常抓不懈的任务，未来出版社还将总结以往出版工作中的经验教训，不断优化和改进编辑工作流程，努力提高图书的编校质量。

7. 多部学术专著和教材获奖

这一时期，出版社坚持以重点图书引领精品出版的方向，在精品图书打造上持续推进，先后有60余种图书获得国家及省部级奖项或国家及省部级重点项目。其中，《把成功作为信仰》荣获第四届中华优秀出版物提名奖，《中国碳排放总量确定、指标分配、实现路径机制设计综合研究》等荣获北京市哲学社会科学优秀成果奖，《党性的诠释》荣获第四届全国党员教育培训创新教材奖和北京市哲学社会科学优秀成果奖。

《国际信贷》荣获全国首届优秀教材二等奖，《财务管理学》等5部教材荣获河南省首届教材建设一等奖，《服务贸易》《成本管理会计》等教材荣获北京高校优质本科教材等多种荣誉奖项，《期货交易与实验教程》等6部图书获评校优质本科教材。出版社因在华莱坞电影科学研究与传播中组织得力，获第三届、第四届国际华莱坞学会最佳组织奖。

面对产业环境巨变和疫情持续影响叠加的双重困难，出版社通过积极转型，勇敢面对下行趋势，保持了良好的现金流，实现了净资产的增长，为实施战略性投资、实现可持续发展奠定了坚实的基础。

在庆祝出版社成立 35 周年的日子里，我们回忆过去，展望未来，既看到与业内优秀出版社的差距，又看到自己的优势和特色，以及 35 年来矢志不渝的拼搏和奋斗。我们相信，一个组织的生命力是否强大，不在于它的规模是否庞大，不在于它历史上取得的成就有多么辉煌，也不在于它在当下的行业发展中居于何等地位，而在于它是否有不断创新的能力和勇气。回望 35 年来的奋进历程，出版社全体同仁将不忘初心，砥砺前行，积极应对出版环境的新情况、新挑战，守正创新，永不懈怠，努力开创出版社更加辉煌灿烂的明天。

附　　录

1. 历年来部分获奖图书

序号	图书名称	获奖名称	获奖时间
1	管理行为	全国优秀图书奖	1988 年
2	经济分析基础	北京市优秀图书社科类鼓励奖	1990 年
3	中国劳动经济史	北京市优秀图书社科类三等奖	1990 年
4	楷书欧颜柳赵四家比较字帖	北京市优秀图书文教类三等奖	1990 年
5	现代经济增长	高等学校出版社优秀学术专著优秀奖	1991 年
6	当代西方经济学流派	北京市优秀图书社科类图书三等奖	1993 年
7	房地产开发经营指南丛书	北京市优秀图书社科类图书三等奖	1993 年
8	写作构思与技巧	第七批全国优秀畅销书（文教类）	1994 年
9	企业财务与会计实务改革要览	大学优秀畅销书荣誉奖	1994 年
10	房地产开发经营指南丛书	第七批全国优秀畅销书（经济类）	1994 年
11	当代西方经济学原理	第七批全国优秀畅销书（经济类）	1994 年
12	个人投资指南	大学出版社优秀畅销书	1994 年
13	北京婚姻、家庭与妇女地位研究	北京市优秀图书社科类一等奖	1994 年
13	北京婚姻、家庭与妇女地位研究	北京市第四届哲学社会科学优秀成果奖二等奖	1996 年
14	房地产会计	京版图书装帧艺术奖封面设计三等奖	1994 年
15	股份制企业管理与会计大全	北京市优秀图书社科类二等奖	1994 年
16	零售王——现代商场策划与设计	第二届全国高等学校出版社优秀畅销书优秀奖	1994 年
17	CIS 战略丛书（5 种）	第二届全国高等学校出版社优秀畅销书荣誉奖	1994 年
18	营销百事通	第一届北京书籍装帧艺术展览三等奖（封面设计）	1995 年
19	文化经济学	第一届北京书籍装帧艺术展览三等奖（封面设计）	1995 年

续表

序号	图书名称	获奖名称	获奖时间
20	童心·童趣·童声	全国第五届"让精神世界更美好"读书活动参赛荣誉奖	1995年
21	小学生思想品德修养	全国第五届"让精神世界更美好"读书活动参赛荣誉奖	1995年
22	消费心理学	第八批全国优秀畅销书（社科类）	1995年
23	会计基本技能训练	第八批全国优秀畅销书（社科类）	1995年
24	有中国特色的社会主义——中国历史发展的必然选择	北京市社会主义精神文明建设"十个一工程"提名	1995年
25	应用写作	北京市社会主义精神文明建设"十个一工程"提名	1995年
26	企业会计与财务管理	北京市图书优秀编校质量二等奖	1995年
27	现代市场经济理论与实践	北京市图书优秀编校质量三等奖	1995年
28	人民信访史略	北京市图书优秀封面装帧设计二等奖	1995年
		北京市优秀图书三等奖	1996年
29	高级会计理论与实务	河南省社科联社会科学优秀成果	1997年
30	挑战——首届国际青少年消除贫困获奖者风采录	北京市优秀图书二等奖	1997年
31	地下工程火灾原理及应用	北京市图书优秀封面设计三等奖	1997年
32	人力资源会计	北京市优秀图书三等奖	1997年
33	地下工程火灾原理及应用	北京市优秀图书三等奖	1997年
34	国际贸易理论与实务	第十一批全国优秀畅销书（经济类）	1998年
35	现代企业管理原理	第十一批全国优秀畅销书（经济类）	1998年
		第三届全国高等学校出版社优秀双效书奖	1999年
36	世界经济贸易地理	第十一批全国优秀畅销书（经济类）	1998年
37	现代营销学（第三版）	第十一批全国优秀畅销书（经济类）	1998年
38	经济法概论	第十一批全国优秀畅销书（经济类）	1998年
		第三届全国高等学校出版社优秀双效书荣誉奖	1999年
39	现代市场调查	第十一批全国优秀畅销书（经济类）	1998年

续表

序号	图书名称	获奖名称	获奖时间
40	我能，你也能——写给寿险营销员	第十一批全国优秀畅销书（经济类）	1998 年
41	会计师注册会计师《会计》课考试典型题疑难题精编精练精解	第十二届北方七省市（区）书籍装帧艺术作品封面设计三等奖	1999 年
42	大变革——走向 21 世纪的世界经济	北京市优秀图书一等奖	1999 年
42	大变革——走向 21 世纪的世界经济	北京市优秀图书编校质量一等奖	1999 年
42	大变革——走向 21 世纪的世界经济	第十二届北方十省市（区）书籍装帧艺术作品三等奖	1999 年
43	出生性别比新理论与应用	北京市优秀图书编校质量三等奖	1999 年
43	出生性别比新理论与应用	北京市优秀图书二等奖	1999 年
43	出生性别比新理论与应用	北京市优秀图书封面装帧设计一等奖	1999 年
44	中国农业扶持与保护——实践·理论·对策	北京市优秀图书二等奖	1999 年
45	中国当代中青年经济学家论著文库（10 种）	北京市优秀图书一等奖	1999 年
45	中国当代中青年经济学家论著文库（10 种）	北京市优秀图书封面设计三等奖	1999 年
45	中国当代中青年经济学家论著文库（10 种）	北京市优秀图书编校质量三等奖	1999 年
45	中国当代中青年经济学家论著文库（10 种）	第十三届中国图书奖	2002 年
46	策略理性模型	北京市优秀图书编校质量三等奖	1999 年
46	策略理性模型	北京市优秀图书封面设计三等奖	1999 年
47	资产选择	北京市优秀图书编校质量三等奖	1999 年
47	资产选择	北京市优秀图书三等奖	1999 年
48	弗里德曼文萃	华北校研委第二届优质校对图书一等奖	1999 年
48	弗里德曼文萃	北京市优秀图书二等奖	2000 年
49	环境管理标准化理论与方法	华北校研委第二届优质校对图书一等奖	1999 年
49	环境管理标准化理论与方法	北京市优秀图书三等奖	2000 年
49	环境管理标准化理论与方法	北京市优秀图书编校质量二等奖	2000 年
50	企业 CIS 战略的策划与实施	北京市优秀图书装帧设计三等奖	2000 年
51	物业管理市场——理论与实务	北京市优秀图书三等奖	2000 年
51	物业管理市场——理论与实务	北京市优秀图书编校质量二等奖	2000 年
51	物业管理市场——理论与实务	北京市社会科学理论著作出版基金优秀资助著作组织奖	2006 年

续表

序号	图书名称	获奖名称	获奖时间
52	中国股票市场成长与特性	北京市优秀图书三等奖	2000年
		北京市优秀图书编校质量三等奖	2000年
53	现代广告学（第二版）	全国优秀畅销书	2000年
54	新编统计学原理（修订第二版）	全国优秀畅销书	2000年
55	电子商务基础（修订版）	全国优秀畅销书	2000年
56	新编应用写作教程	全国优秀畅销书	2000年
		第六届大学出版社优秀畅销书一等奖	2004年
		第九届高校出版社优秀畅销书一等奖	2010年
57	亚洲的戏剧	北京市优秀图书编校质量三等奖	2000年
58	跨国公司定价系统分析	北京第六届哲学社会科学优秀成果二等奖	2000年
59	合同法教程	第四届高校出版社优秀畅销书提名奖	2000年
60	当代西方经济学原理（修订版）	第四届高校出版社优秀畅销书提名奖	2000年
61	消费者心理学（修订版）	第四届高校出版社优秀畅销书提名奖	2000年
62	西蒙选集	北京市优秀图书二等奖	2001年
		北京市优秀图书编校质量二等奖	2001年
63	中国农业扶持与保护——实践·理论·对策	第五届国家图书奖初评入选	2001年
64	命运——第二届国际青少年消除贫困奖获奖者风采录	第七届全国优秀青年读物二等奖	2001年
65	英语考前强化训练	第十四届北方十省市（区）书籍装帧暨理论研讨会封面设计二等奖	2001年
66	现代自然科学概论	第十四届北方十省市（区）书籍装帧暨理论研讨会封面设计三等奖	2001年
67	经济法（修订第二版）	全国优秀畅销书	2001年
68	管理学基础	北京市优秀图书装帧设计奖封面设计三等奖	2001年
69	现代推销学（修订第二版）	第五届高校出版社优秀畅销书二等奖	2002年
70	如何做出纳工作	全国优秀畅销书（社科类）	2002年
71	如何做会计工作	全国优秀畅销书（社科类）	2002年

续表

序号	图书名称	获奖名称	获奖时间
72	现代管理心理学	全国优秀畅销书（社科类）	2002年
		第五届高校出版社优秀畅销书二等奖	2002年
73	安全工程系列教材（五种）	全国普通高等学校优秀教材三等奖	2002年
74	现代企业生产管理	全国优秀畅销书	2003年
75	企业战略管理	全国优秀畅销书	2003年
76	首都经济研究报告	首届北京市优秀出版物"优秀图书奖"提名奖	2004年
77	海萨尼博弈论论文集	首届北京市优秀出版物"优秀图书奖"提名奖	2004年
78	中国农业保险与农村社会保障制度研究	首届北京市优秀出版物"优秀图书奖"提名奖	2004年
		北京市第八届哲学社会科学优秀成果奖一等奖	2004年
		第十四届中国图书奖	2004年
79	现代市场营销学	第六届大学出版社优秀畅销书二等奖	2004年
80	西方经济学	第六届大学出版社优秀畅销书二等奖	2004年
81	现代广告策划	第六届全国书籍装祯艺术展铜奖	2004年
82	普通逻辑学教程	第六届全国书籍装祯艺术展优秀奖	2004年
83	出口贸易单证实务	第六届全国书籍装祯艺术展优秀奖	2004年
84	萨缪尔森经济理论研究	第二届北京市优秀出版物"优秀图书"提名奖	2004年
85	中国利用外资规模研究	北京市第八届哲学社会科学优秀成果奖二等奖	2004年
		北京市社会科学理论著作出版基金优秀资助著作组织奖	2006年
86	博弈论应用与经济学发展	北京市第八届哲学社会科学优秀成果奖二等奖	2004年
		北京市社会科学理论著作出版基金优秀资助著作组织奖	2006年

续表

序号	图书名称	获奖名称	获奖时间
87	中国涉外经贸法	首届中国优秀法律图书奖	2005 年
88	证券法教程	首届中国优秀法律图书奖	2005 年
89	统计学概论	第五届国家统计局优秀统计教材二等奖	2005 年
90	中国农业保险与农村社会保障制度研究	北京市社会科学理论著作出版基金优秀资助著作组织奖	2006 年
91	国际商务谈判	第七届全国高校出版社优秀畅销书一等奖	2006 年
92	经济、资源、环境投入产出模型研究	北京市第九届哲学社会科学优秀成果奖一等奖	2006 年
93	历史存在权	北京市第九届哲学社会科学优秀成果奖一等奖	2006 年
94	北京市商务中心区（CBD）产业与发展研究	北京市第九届哲学社会科学优秀成果奖二等奖	2006 年
95	国际市场营销学	第八届全国高校出版社优秀畅销书一等奖	2008 年
96	国际服务贸易	第八届全国高校出版社优秀畅销书一等奖	2008 年
97	国际物流	第八届全国高校出版社优秀畅销书二等奖	2008 年
98	社会学导论	第八届全国高校出版社优秀畅销书二等奖	2008 年
99	经济模型实用教程	中国大学出版社图书奖首届优秀教材奖一等奖	2010 年
100	整合营销传播理论与实务	中国大学出版社图书奖首届优秀教材奖一等奖	2010 年
101	心理学基础——原理与应用	中国大学出版社图书奖首届优秀教材奖一等奖	2010 年
102	知识经济学	中国大学出版社图书奖首届优秀教材奖一等奖	2010 年
103	中国海外直接投资理论与实务	中国大学出版社图书奖首届优秀学术专著奖二等奖	2010 年
104	会计模拟实训教程	第九届全国高校出版社优秀畅销书一等奖	2010 年

续表

序号	图书名称	获奖名称	获奖时间
105	国际经济合作教程	第九届全国高校出版社优秀畅销书二等奖	2010年
106	中国失业预警——理论视角、研究模型	北京市第十一届哲学社会科学优秀成果奖一等奖（经济学类）	2010年
106	中国失业预警——理论视角、研究模型	中国大学出版社图书奖第二届优秀学术著作奖二等奖	2013年
107	中华人民共和国经济思想史纲（1949—2009）	"十一五"国家重点图书	2010年
107	中华人民共和国经济思想史纲（1949—2009）	国家出版基金项目	2010年
107	中华人民共和国经济思想史纲（1949—2009）	中国大学出版社图书奖第二届优秀学术著作奖一等奖	2012年
108	中国碳排放总量确定、指标分配、实现路径机制设计综合研究	"十二五"国家重点图书	2011年
108	中国碳排放总量确定、指标分配、实现路径机制设计综合研究	国家出版基金资助项目	2018年
108	中国碳排放总量确定、指标分配、实现路径机制设计综合研究	北京市第十五届哲学社会科学优秀成果奖一等奖	2019年
109	孙中山民生思想研究	国家出版基金项目	2011年
109	孙中山民生思想研究	中国大学出版社图书奖第三届优秀学术著作奖二等奖	2013年
109	孙中山民生思想研究	第四届中华优秀出版物奖图书提名奖	2013年
110	英语国家概论	2011年度全行业优秀畅销书	2012年
111	合作经济理论与中国农民合作社的实践	中国大学出版社图书奖第二届优秀学术著作奖一等奖	2012年
112	区域经济学（第二版）	中国大学出版社图书奖第二届优秀教材奖一等奖	2012年
113	文化学概论新编	中国大学出版社图书奖第二届优秀教材奖二等奖	2012年
114	狂飙年代的碎片：中国经济黄金十年	2012年度中国影响力图书	2013年
115	新编现代物流学（第三版）	第三届中国大学出版社图书奖优秀教材奖一等奖	2013年

续表

序号	图书名称	获奖名称	获奖时间
116	"走出去"战略与中国跨国公司的崛起	中国大学出版社图书奖第三届优秀学术著作奖二等奖	2013年
		2012—2013年度商务部全国商务发展研究成果奖论著类二等奖	2014年
117	中国信托业与信托市场（第二版）	2012—2013年度全行业优秀畅销书	2014年
118	沙盘模拟系列教材（ERP沙盘模拟实训教程、人力资源管理沙盘模拟实训教程等五本）	第四届中国大学出版社图书奖优秀教材二等奖	2015年
119	把成功作为信仰——航天工程质量管理	第六届中华优秀出版物奖图书提名奖	2016年
120	航天品质是怎样炼就的——航天工程质量管理的持续改进	"十三五"国家重点图书	2016年
		北京市文化精品工程重点项目	2020年
		国家出版基金项目	2022年
121	中华人民共和国经济思想史纲（1949—2019）	"十三五"国家重点图书	2016年
		北京市宣传文化引导基金重点项目	2019年
		国家出版基金资助项目	2020年
		国家社科基金学术外译项目	2020年
122	区域政府合作协议研究	南通市第十三届哲学社会科学优秀成果奖二等奖	2017年
123	研读北京：北京遗产旅游与文化创意产业协同研究	国家旅游局优秀研究成果奖优秀奖	2017年
124	大运河文化	北京影视出版创作基金扶持作品	2018年
125	突破思想瓶颈——改革40年的政治经济学	北京影视出版创作基金扶持作品	2018年
126	发展与转型——改革开放40年中国经济思想的变迁	北京影视出版创作基金扶持作品	2018年
127	党性的诠释——党性是如何淬炼的	第四届全国党员教育培训教材创新教材	2019年
		北京市第十六届哲学社会科学优秀成果奖二等奖	2021年
		2020年度全国新闻出版深度融合发展创新案例	2021年

续表

序号	图书名称	获奖名称	获奖时间
128	第一书记与精准扶贫——农村扶贫工作思索与创新	国家新闻出版署农家书屋重点书目	2019 年
129	突发公共卫生事件下的物流与供应链管理	宝供物流奖一等奖	2020 年
130	国际信贷（第四版）	陕西省高等继续教育优秀教材一等奖	2020 年
		首届全国教材建设奖全国优秀教材（职业教育与继续教育类）二等奖	2021 年
131	会计信息系统	河南省首届教材建设奖（高等教育类）	2021 年
132	中级财务会计	河南省首届教材建设奖（高等教育类）	2021 年
133	财务管理学	河南省首届教材建设奖（高等教育类）	2021 年
134	初级会计学	河南省首届教材建设奖（高等教育类）	2021 年
135	高级财务会计	河南省首届教材建设奖（高等教育类）	2021 年
136	日本供应链发展研究	中国物流与采购联合会科技进步三等奖	2021 年
		第八届物华图书奖一等奖	2022 年
		宝供物流奖二等奖	2022 年
137	决战金融街	全国新闻出版深度融合发展创新案例	2022 年
138	突发公共卫生事件下的新技术应用与应急管理	第八届物华图书奖一等奖	2022 年

2. 历年来部分精品教材

序号	图书名称	作者	类别
1	成本会计学（第二版）	欧阳清，杨雄胜	普通高等教育"十一五"国家级规划教材
2	风险投资运作（第三版）	徐枫，高成亮，赵绍全	普通高等教育"十一五"国家级规划教材
3	管理咨询（第五版）	杨世忠	普通高等教育"十一五"国家级规划教材

续表

序号	图书名称	作者	类别
4	会计制度设计（第四版）	于长春	普通高等教育"十一五"国家级规划教材
5	现代物流装备（第四版）	姜大立，王丰，张剑芳，肖骅	普通高等教育"十一五"国家级规划教材
6	营销管理（第二版）	郭国庆	普通高等教育"十一五"国家级规划教材
7	整合营销传播理论与实务（第五版）	卫军英	普通高等教育"十一五"国家级规划教材
8	服务礼仪	王淑华，孙岚，温蓝	"十三五"职业教育国家规划教材
9	仓储管理实务	谷岩	辽宁省职业教育"十四五"首批规划教材
10	保险学（第十版）	庹国柱	北京市高等教育精品教材
11	当代西方经济学流派与思潮	吴易风	北京市高等教育精品教材
12	当代西方经济学原理（第七版）	丁冰	北京市高等教育精品教材
13	电子金融概论（第二版）	陈进、崔金红	北京市高等教育精品教材
14	高级会计（第二版）	武玉，赵天燕	北京市高等教育精品教材
15	管理信息系统（修订第二版）	张润彤	北京市高等教育精品教材
16	国际金融（修订第二版）	韩玉珍	北京市高等教育精品教材
17	国际商法（第四版）	金晓晨	北京市高等教育精品教材
18	国际商务谈判（第六版）	刘园	北京市高等教育精品教材
19	会计学基础（第四版）	刘文辉，李刚	北京市高等教育精品教材
20	计量经济学简明教程（第三版）	廖明球	北京市高等教育精品教材
21	经济法概论（第八版）	徐杰	北京市高等教育精品教材
22	经济预测、决策与对策（第二版）	王文举，张桂喜	北京市高等教育精品教材

续表

序号	图书名称	作者	类别
23	品牌创建与管理	祝合良	北京市高等教育精品教材
24	人力资源管理心理学	张杉杉、罗震雷	北京市高等教育精品教材
25	商务谈判	蒋三庚，张弘	北京市高等教育精品教材
26	审计学（第二版）	袁小勇，王茂林	北京市高等教育精品教材
27	现代商业经济学（第五版）	祝合良	北京市高等教育精品教材
28	现代社会保障概论（第四版）	吕学静	北京市高等教育精品教材
29	现代推销学（第七版）	韩光军，周宏	北京市高等教育精品教材
30	现代自然科学技术概论（第八版）	徐丕玉	北京市高等教育精品教材
31	应用统计学	马立平	北京市高等教育精品教材
32	预测与决策概论	张桂喜、马立平	北京市高等教育精品教材
33	职业生涯规划与管理（第五版）	姚裕群	北京市高等教育精品教材
34	质量管理学（第三版）	于启武	北京市高等教育精品教材
35	证券投资学（第五版）	韩复龄	北京市高等教育精品教材
36	财务管理学	闫华红，邹颖	北京高校"优质本科教材课件"
37	成本管理会计	许江波，王伟	北京高校"优质本科教材课件"
38	创新创业思维与 MCV.net 互联网+实现——"互联网+""新工科"创新创业教育改革与实践研究	刘经纬	北京高校"优质本科教材课件"
39	档案工作综合实践教程	吴晓红	北京高校"优质本科教材课件"
40	公司金融	李新，崔燕敏	北京高校"优质本科教材课件"
41	国际贸易（第二版）	燕秋梅，刘宏	北京高校"优质本科教材课件"
42	经济学基础（第二版）	车卉淳	北京高校"优质本科教材课件"
43	审计学	袁小勇，王茂林	北京高校"优质本科教材课件" 全国首批课程思政示范项目
44	市场营销学	杨永杰，李宁	北京高校"优质本科教材课件"

续表

序号	图书名称	作者	类别
45	体育服务运营管理	肖淑红	北京高校"优质本科教材课件"
46	现代市场调查与预测（第六版）	刘华，马程程，马连福	北京高校"优质本科教材课件"
47	中级财务会计	于鹏	北京高校"优质本科教材课件"

3. 出版社员工学历结构变化

学历	1987 年	2007 年	2022 年
初中	4	1	
高中	2	2	1
中专	1	2	2
大专	1	4	1
本科	9	14	11
硕士研究生	1	14	19
博士研究生		1	2
合计	18	38	36

4. 出版社新媒体成立时间

序号	媒体名称	开设时间
1	官方微博	2012-03
2	微信公众号	2013-04
3	微信服务号	2017-07
4	官方微店	2017-07
5	小鹅通平台	2019-07
6	官方头条	2020-06
7	官方抖音账号	2020-12
8	教材云展网	2021-07
9	微信视频号	2021-03

学术论文篇

经济效应视角下传统出版业融合演进分析[*]

杨 玲[**]

【摘要】 移动互联网等信息技术与媒介融合进程的交替演进，改变了出版格局，融合演进对传统出版业产生了颠覆性的影响，出版业呈现出与以往迥然不同的经济效应。传统知识生态系统解构之后，出版业需要进行重新定位，出版本质需要再思考和再认识，出版企业必须通过战略、商业模式、流程、人才等进行价值创新和自我塑造，树立互联网战略思维，变革新产业商业模式，开拓新知识产品的融合流程，实现从内容提供商向知识服务商的转型发展。

【关键词】 融合经济效应；竞争优势迁移；出版价值重塑

互联网和移动互联网技术的发展驱动和促进了媒介融合的发展进程，也同时改变了知识和信息的传播和消费方式。依托互联网平台，知识、媒体、内容、教育、商业、技术和产品等交织成新的场域，孕育出与传统出版完全不同的商业图景、出版业态和产品形态。在这场具有颠覆意义的革命下，传统出版的权威逐步被替代和消融。出版企业必须重新认识自我，以知识服务者的姿态融入知识生态系统，通过价值创新和自我塑造谋得生存和发展。

---

[*] 本文系北京市高层次人才培养资助项目"出版融合下的重构困境与创新突破"、北京市社会科学基金项目"媒介融合下的竞争冲突与机制创新研究"的阶段性研究成果。本文发表于《中国出版》，2019年第16期。

[**] 作者简介：首都经济贸易大学出版社董事长、社长、总编辑，管理科学与工程博士、编审。主要研究领域：出版理论与实务，媒介融合。

一、出版融合的经济效应分析

移动互联网等信息技术与媒介融合进程的交替演进，改变了出版的格局、竞争法则和赖以生存的版权生态环境，摩尔定律、马太效应、梅特卡夫法则和吉尔德定律等网络经济规律取代实体经济法则，使出版融合呈现出与传统迥然不同的经济效应。

（一）网络效应和开放效应

出版物的数字化和出版平台的网络化使作者和读者成为图书价值的共同创作者，实现了图书出版的网络价值。出版机构成为网络平台重要的内容提供商，其数量增加、结构优化和服务能力的提升，直接带动了用户价值的提升。同时，网络平台中终端用户的结构优化和数量增加，也提高了出版社等内容提供商的利益回报。出版企业纷纷开设数字出版系统，并与传媒平台进行深度融合，出版传播系统逐渐成为一个全球化的系统，具备高开放性的特征。网络平台的搭建打破了之前封闭垄断的传统出版业态，出版资源和出版要素通过网络进行全球流动，实现资源的优化配置，跨国际的文化生产和消费成为新的趋向，出版企业的竞争空间已经扩展到更加开放的全球化虚拟空间。

（二）规模效应和范围效应

对规模经济和范围经济的追求是包括出版企业在内的传媒企业的共同特征，图书出版产品具备固定成本较高、边际成本较低的特征，因此，出版企业具备天然的规模经济属性。传统出版企业一般通过扩大图书产品的品种、印量和发行册数来提升图书产品的生产规模，提升规模经济；通过增加图书产品品种数和发行量，来实现范围经济的增长。出版融合带来了经济效益实现方式的变革，在规模经济增长方面，需求方规模经济替代供给方规模经济，成为出版企业规模效益实现的重要方式。相比供给方规模经济对市场反应迟缓，需求方规模经济能够锁定市场需求，依据市场需求进行图书产品的多样化、个性化出版，并通过高质量、高附加的服务扩大需求规模，实现出版产品的边际效应递增。在范围经济增长方面，数字技术的应用带来了出版资源和出版要素的整合和流动，不同出版产品之间可以实现低成本的便捷转换。成本的降低和速度的提升让出版产品多样化成为可能，增加了出版产品的丰富性和多样性，进而提升了出版企业的范围效益。

（三）共振效应和协同效应

媒介形态的演进是一个新旧交替、相互叠加的过程，新媒介形态脱胎于旧媒介，对旧媒介功能进行有益的补充，在融合演进中提升媒介的传播功能，产生共振效应，推动传统出版和现代出版融合发展。出版网络平台将出版企业连接在一起，不同出版主体相互关联、共同协作，带来了出版企业价值创造的协同效应，重塑了出版价值链的实现形态，也改变了出版企业之间的竞争态势。出版竞争模式产生了根本性的变化，告别传统出版时代相同类型的单个企业相互较量的局面，变革为以出版价值链相关企业组成的系统间的相互竞争，不同类型企业间围绕出版资源和出版要素展开竞争，竞争更加系统复杂。出版竞争内容也产生了变化，出版企业不仅要应对出版市场和出版资源的争夺，还要争夺出版价值链某一环节的领导地位。

（四）非居间化效应和平台效应

数字出版的兴起改变了整个出版价值链的构成，传统出版价值链中的许多中间环节被压缩甚至消失，纸书生产中的印刷商、批发商、零售商被取代，数字出版产品通过数字编码和网络传播直接和读者产生互动，带来了出版产业的非居间化效应。数字出版平台成为出版行业协同发展、交互共享的基础，也带来了出版主导中心的转移。出版社不再居于出版价值链中的主导地位，平台商开始主导出版的价值实现。互联网尤其是智能手机和移动互联网的普及化，知识的快速更迭以及网络新人类的成长使得互联网成为知识传播、分享和汇聚的平台，更加放大了平台效应。互联网平台成为知识生产与消费的连接者、服务与需求的匹配者和市场机制的设计者[1]，由此推动了知识付费的兴起，创造出全新的"知识产品服务"。

二、传统出版竞争优势领域的迁移

出版是知识生产和传播的活动，编辑、印刷、发行是传统出版的主要环节，随着数字媒体时代的到来，网络成为知识生产的主要平台和传播渠道，个体无须借助专业出版机构就可达到将作品广泛传播的目的，出版与传播的边界也变得模糊，这对建立在原有印制框架基础上的传统出版带来颠覆性的影响，使得传统出版竞争优势领域发生迁移。

（一）出版专有属性的多元化

融合演进中出版与传播边界的消失使得出版走向泛化，出版的专有属性也因之多元化。传统出版是将作者的智力成果经过具有出版资质的出版机构编辑加工后进行出版并公开发行的行为。其中，出版机构是出版的核心行动主体，掌握着专属的出版发行权，具有一定的专属性。网络平台为主体的信息创作和发布方式打破了出版专属权的控制，出版者不再局限于出版机构，组织和个人也成为出版的行动主体。出版已经成为一种包含信息传播与分发的泛出版行为，出版价值的实现主体由出版者扩展为参与出版的个人和组织。随着出版行为的泛化、出版范围的拓展，出版企业的构成主体也发生了变化，除传统出版社外，还包括具有电子出版和互联网出版资质的平台商、技术提供商和终端设备商，作者或代理商也可主导自己的出版行为。参与出版行为或知识服务的主体多元化，带来去"中介化"趋势，出版行为已不再成为传统出版企业的专属，其主体地位和专有属性呈现融合多元态势。

（二）印制内容核心价值的转变

对于传统出版而言，图书一经付印即形成"印制稳定性"，内容的改变需要通过版本的升级来实现。数字网络和多媒体技术将出版从印刷结构中解放出来，通过与网络的链接实现了内容的动态化和延展化。图书突破纸本的束缚成为知识的"容器"或"框架"，产品不仅包括知识的提供，还包括与学习或娱乐相关的阅读体验服务，图书产品实体内容的重要性被产品的多样、易得、互动等特性部分取代。传统出版的核心价值需要通过实体内容品质呈现和变现，互联网知识服务实际上对产品分界线进行了重新划分，产品是否易得、有趣等体验成为价值组成的有机部分，知识的共享和出版的开放也使得传统出版掌控的内容稀缺性大为降低。

（三）渠道趋向多元化和全媒体运营

传统出版的营销渠道由批发商、经销商和零售商构成，呈现单边市场形态，出版企业对渠道具有较强的控制力。互联网和新媒体消解了传统媒体的"渠道霸权"。生产方面，媒介融合为同一素材多渠道传播提供了可能，出版产品传播方式的多样化会带动出版企业的规模化发展，提升出版企业的范围经济。多边市场的形成以及媒介融合带来的渠道多元化，使传统出版企业对于供应商和客户的议价能力大为减弱。同时，借助互联网平台，知识生产者和读者可直接相互连接，自媒体成为知识传播的组织者和管理者，可以实现全媒体渠道运营传播，成为传统出版的竞争对手和替代者。

（四）读者身份的转化和演变

随着信息网络技术升级与媒体融合的迭代演进，知识的生产和消费模式以及双方的地位发生了根本性变化，出版企业潜在的消费群体逐渐流失。

首先，读者获取知识的途径和方式更加多元，知识共享环境的形成使得知识消费群体逐渐流失。开放存取模式使得学术成果无须出版即得以广泛传播和共享。其次，互联网知识平台参与到知识的创造过程，成为交换知识产品和服务、连接生产和消费的重要场地。知识生产者和消费者的界限开始消失，信息消费者转变为信息生产者和传播者。最后，信息的过载和娱乐的便捷化分散了潜在读者的注意力和时间，注意力成为稀缺资源。

三、出版企业的重新定位

技术的高速发展必然使新的传播形态和传播方式不断涌现，新的数字技术带来了知识生产和传播方式的变革，传统知识生态系统不断被解构，数字出版时代，人人都是出版者，出版企业的定位和价值实现都面临着严峻的挑战。未来出版是否还有必要存在，存在的价值究竟在何处，需要出版界对出版的本质进行思考和认识。

（一）出版存在的价值：内容设计匹配者和审核推广者

当媒介无处不在时，信息和知识的不断被生产和制造带来了信息过载和信息匮乏效应。一方面，信息生产主体的泛化致使信息处于超载的状态，海量的信息大大超过了人们的有效需求，人们被大量无关信息所干扰，影响了对有用信息的正确判断；另一方面，大量无效信息、虚假信息不断涌现，有效信息严重缺失，真相信息、深度信息、重要信息十分匮乏。网络社会的无边界和流动性使得出版不再囿于固定的环节、固定的介质和固定的机构[2]，但出版的核心仍是围绕知识生产，实现知识从私人空间向公共领域传播的活动。未来需要出版企业更加有效地辨识读者的信息需求和知识需求，并准确地将知识传递给读者，成为知识需求的内容设计匹配者和审核推广者。一方面，需要对"谁需要内容，需要什么样的内容和在何种场景下需要内容"进行准确辨识，并设计适合的知识框架（容器）与之相匹配；另一方面，要服从规制、公共服务的准则要求，将具有社会和文化价值的知识进行筛选、加工、审核把关后公之于众，使之内容质量符合社会发展和国家的相关要求。

（二）出版企业的角色转换：知识服务与内容把关

媒介融合致使出版进入数字出版时代，出版行为的泛化也逐渐改变了出版企业的功能和属性。知识和信息的边界开始变得模糊，进行知识生产和传播的出版产业在数字环境下向内容信息产业转变，出版企业兼具文化产业和信息产业的双重属性。信息和知识服务在出版企业的价值活动中占据着越来越重要的地位，出版企业需要从内容提供商向知识服务商转变。同时，与信息传播不同的是，出版是对文化产品的有效传播，具有文化积累和思想传播的重要功能，因此出版产品所具有的精神内涵、出版企业的信息筛选和把关人的角色成为出版企业的本质特征。互联网作为一种平台型媒介不仅搭建起营销的经济平台，而且深度介入知识的生产和加工过程，重新塑造了知识生态系统。出版企业要实现从内容提供商向知识服务商的转型，必须从传统知识企业向互联网知识企业转型，构建起基于全媒体运作的知识服务体系，向社会提供兼具内容价值和消费体验服务的新型知识产品。

四、基于知识服务的出版企业价值重塑

在融合演进过程中，传统媒体通过对新技术的吸收利用，可以实现形态和性能的转换，实现自我提升，最终形成共生共荣的局面[3]。传统出版企业要想在新的知识生态系统中占据一席之地，除原有的视觉生态位外，还必须通过新知识产品占据原来不具备的视听觉生态位，为读者提供全方位的服务和体验。这需要出版企业从战略思维、商业模式、产品流程等方面进行创新升级，实现价值重塑。

（一）树立互联网战略思维

当出版企业从内容提供商向知识服务商转型时，建立在原有出版逻辑上的图书经营模式呈现出很强的路径依赖，管理模式、工作流程和工作习惯很难打破。因此，转变的第一步要打破传统出版的思维定式，树立新的思维模式。首先需要树立互联网思维观。互联网思维的核心是用户思维，出版企业的生产模式要以生产为中心转为以用户为中心，从标准化生产转为按需生产。其次，未来的竞争是基于价值网络的竞争，出版企业需要将战略关注点从内部能力提升转移到网络能力上，从所处的商业生态系统和外部环境获取战略转型所需的互补性资源以弥补战略缺口。数字技术能力和数字管理战略资产是传统出版企业所缺乏的，也是制约战略转型的瓶颈因素。出版企业需要积极引进外部资源，寻求合作共赢，如采取技术外包、并购、合作等模式弥补自身技术和服务能力的不足。

（二）向新商业模式变革

是否具有切实可行的商业模式是决定战略转型能否成功的关键。出版企业融合进程中的商业模式创新有以下几种：一是采用延伸模式，即利用出版产业价值链的长度和宽度，拓宽服务的内容范畴，将出版企业的商业逻辑扩展到新的领域。如在纸质书的基础上延伸开发电子书和根据出版资源储备进行数据库建设等。二是采用更新模式，即通过改变出版产品、服务平台、品牌、成本结构和技术基础来调整出版企业的核心技能，从而改变在价格价值曲线上的位置，如建设各类数字出版平台等。三是采用全新模式，即引入一种全新的商业逻辑，采取一种全新的商业模式，如知识付费、全方位的知识服务系统等。知识服务并非要求传统出版企业放弃纸质出版，而是将知识的多种呈现和体验方式融合到传统出版之中，知识服务的探索和付费产品的设计需要依托本企业的优势资源，根据发展方向进行取舍选择。

（三）开拓新知识产品的融合流程

长期以来图书生产都遵循"原稿撰写—编辑加工—印制出版"的生产流程，并形成了基于这种生产逻辑的组织架构和管理流程。一旦成书就意味着知识交付的终结，知识的学习和吸纳需要用户来完成。新知识产品创新的本质在于对纸本形态和理念的突破，以"知识容器"的形态将客户体验纳入产品和服务设计，使之成为新知识产品的有机组成部分。以付费教育产品为例，其包括线下大课、一对一在线面谈、在线讲座、线上训练营与软件辅导课程等，与传统的图书概念完全不同。新知识产品形态遵循"边生产，边发布"的生产逻辑，需要在生产过程中有用户的参与，生产目标由"把书卖给用户"转变成"创造让用户喜欢阅读的书"。这就要求图书的生产模式由单业生产模式变为混业生产模式，将传统图书出版与知识服务以及媒体运用作为一个整体来考虑，建立纸质、数字、音频和视频等不同形态内容融合的生产流程。

五、结论

知识服务尽管在产品呈现方式和传播路径上和传统出版具有很大的差异，但知识服务的核心并未改变，其在挑战传统出版业的同时，也带来新的机遇。例如，知识付费市场的兴起使得书籍重新活跃于大众视野，对垂直细分领域的挖掘聚合了对知识服务有所需求、愿意付费的消费群体，这都为出版企业构建体系化的知识服务图谱奠定了基础。未来已来，出版企业只有清醒自知，不断学习创新才能获得生存的位置和价值。

参考文献

［1］方军．付费：互联网知识经济的兴起［M］．北京：机械工业出版社，2017．

［2］吴赟，闫薇．出版概念的生成、演进、挑战与再认知：基于概念史视角的考论［J］．中国编辑，2018（10）．

［3］蔡翔．传统出版融合发展：进程、规律、模式与路径［J］．出版科学，2019（2）．

试论新时代学术型出版团队的人文内核与文化治理

潘 飞*

【摘 要】 新时代对出版事业的发展提出了新要求。对于学术型出版团队而言，如何因应新时代的要求，重构自身的核心竞争力及与之相应的人文内核，是其在顶层设计中必须认真思考的重要课题。由此引出了新时代学术型出版团队的文化治理问题，即应在认真调查研究，实事求是评估团队知识需求的基础上，通过务实创新的举措建设团队的文化基础设施，营造团队的文化上层建筑，从而淬炼学术型出版团队的核心知识谱系与核心文化导向，并在此基础上打造其核心竞争力。

【关键词】 新时代；学术出版；团队；人文内核；文化治理

一、"新时代之问"与传统学术出版行业的转型及融合发展

新时代是一个高度聚合的概念表述。作为我国进入高质量发展阶段和全面建设社会主义现代化国家的重要象征，新时代意味着在经济、政治、文化、社会等各领域全面深刻的改革与发展变化。学术出版作为文化生产的"传统大户"，也面临来自"新时代之问"下的种种挑战与机遇。

（一）学术出版行业的产品将如何转型与融合？

"互联网+"的兴起与移动智能时代的出现是科技进步的产物，即所谓科技赋能或科技赋权。科技赋能催生了媒介形式的迁移，引发了出版产品内容和形式的转型与融合，也造就了编辑出版行业新一轮的产业升级。以

---

* 作者简介：首都经济贸易大学出版社编辑，副编审。

学术出版为例，基于互联网科技强大的链接效应，其产品形式正由既往单一的纸质出版物向媒介形态更加丰富的数字出版物转型；其产品内容则正由分散性学术出版物向聚合性知识成果转型，包括面向公众的知识普及读物、面向企业和社会机构的支持性知识产品、面向政府的决策类知识成果等等。相比前者而言，后者更加体现了学术成果与公共需求（社会）和公共政策制定（政府）的对接及在此基础上的成果落地，从而实现学术产品的使用价值，并由此产生社会效益和经济效益。

（二）学术出版如何在思想市场中实现功能转型？

伴随出版产品的转型，编辑出版的功能也在相应进行转型。同样以学术出版为例，从目前趋势来看，专业类智库是其实现功能转型的重要方向之一，即由传统的学术出版平台和单一、线性的出版功能，向新型智库平台和提供综合网络知识服务的功能转型。在智库平台的功能背景下，学术型出版人更多秉持的是学术合作（伙伴）身份定位与融合出版思维，即主动参与学术成果的策划、准备和创作过程，并通过参与数据库等学术基础设施建设，为学者提供综合性、网络化的知识服务。由此，学术出版之功能由传统的末端跃至前端，其出版的目的性、准确性和在思想市场中的参与程度、效率和预期收益也将大大提升。

（三）学术出版如何讲好新时代"中国故事"？

学术出版作为我国重要的文化生产和意识形态高地，在新时代作为政治和文化阵地的态势将进一步加强，正如党的十九大报告中提出的，"意识形态决定文化前进方向和发展道路"。一言以蔽之，就是要与时俱进地讲好"中国故事"。具体到学术出版而言，一是要紧密围绕习近平新时代中国特色社会主义思想这条主线，抓住思想引导、凝聚共识、服务大局等方面来做学术出版各项工作，体现出版人守土有责的政治责任和文化担当。二是要进一步密切围绕新时代党和国家的中心工作，通过主题出版（包括课程思政类读物的出版）来充分展示中国共产党的非凡历程和辉煌篇章。要围绕讲好中国故事、中国共产党故事、中国特色社会主义故事等，向海内外社会各界传递中国发展进步的自信心和正能量。值得注意的是，结合"全领域、全方位思政建设"的新形势，讲好中国故事绝非只是党媒和党属出版机构的事，而是全体出版机构和出版人的责任。

二、转型融合背景下学术型出版团队的核心竞争力及其人文内核

综上可见，伴随新时代学术出版产品与功能的转型和融合发展，学术型出版团队的核心竞争力及其人文内核也面临着返本开新的变革与再造，具体包括如下几方面。

（一）团队的"知性"+"智性"人文内核

伴随产品转型与融合出版，学术型出版团队的业务功能正迅速向知识生产和知识经理转化。知识经济时代，知识（文化）产品的基本特性之一是迭代升级。因此，学术型出版团队的核心竞争力即来自其知识产品迭代进化的效率与质量，而打造知识产品竞争力的关键就在于建构学术型出版团队的"知性"+"智性"人文内核。所谓"知性"，指编者对人与环境的觉察、感知与反应能力，包括对作者、作品、读者和市场等的上述能力。"知性"的修养能激发编者内心深处对事物的体察与感悟，从而使之对学术出版事业产生一种自然而然的情感，对其打造的知识产品形成一种审美直觉。所谓"智性"，指编者针对事物"透过现象看本质"的能力。"智性"的修炼能使编者面对市场的波澜起伏而处变不惊，从容以对；既能及时抓住机遇，又能不为小利所动，而是着眼大局。

（二）团队的"理性"+"德性"人文内核

在学术出版转型与融合发展的过程中，打造知识平台是其功能转型的重要导向。无论是哪种类型的知识平台，都需要学术型出版团队深入挖掘与策划为市场所需的优质知识产品。与之相关的知识平台竞争力，就是既深耕产品与市场，又深谙处世之道，能成为作者的事业伙伴，成为作者资源的开发者与整合者，而打造这一竞争力的关键是具备"理性"+"德性"的人文内核。所谓"理性"，即科学理性，包括认识事物的逻辑性和条理性，对事物的反思性和批判性，思想的包容性与宏观（全局）性，等

等。学术出版中"理性"的重要表现之一就是对本领域知识产品逻辑及其市场算法的深入研究与长期积累。所谓"德性",指的是学术出版中的职业道德,所谓"德者,才之帅也;才者,德之资也;大德者,大得也"。注重"德性"的修炼能使自己始终保持一种心平气和、推己及人的精神气度和人格魅力,从而营造和谐的人际关系,成为作者与读者所信赖的知识伙伴。

(三) 团队的"党性"+"民性"人文内核

对当前的学术出版而言,具备坚定正确的政治站位不仅是政治规矩和出版纪律,而且是一种极大的核心竞争力。尤其是对于主题出版和"出版走出去"项目而言,更是如此。正确的政治站位要求具备"党性"+"民性"的人文内核。所谓"党性",是指在学术出版中要自觉宣传、贯彻党和国家的大政方针,自觉将严守文化阵地作为自身的任务和使命,自觉唱响主旋律、传播正能量、提振精气神,服务党和国家工作大局。所谓"民性",是指在学术出版中要以服务广大人民群众的知识文化需求为导向,以生产通俗而不媚俗,为广大群众所喜闻乐见、接地气的优秀作品为导向。

三、学术型出版团队的文化治理与核心赋能

综上所述,在学术出版转型与融合发展的新时代,打造核心竞争力最关键的因素在于人。这就要求做好学术型出版团队的文化建设与文化治理,并以此为团队的核心竞争力赋能。

(一) 做好调查研究,评估学术型出版团队的重点知识需求

通常而言,知识是指通过学习、实践或探索所获得的认识、判断或技能。联合国经合组织(OECD)将知识主要分为以下几类:事实知识——知道是什么的知识(know-what),原理知识——知道为什么的知识(know-why),技能知识——知道如何做的知识(know-how),经验和判断的知识——知道是谁能做什么的知识(know-who)。传统编辑团队的知识

素能主要集中在第一类——事实知识，现在则需要其余几类的综合、全面发展，包括但不限于促进知识文化的交流、推广与普及，支持知识文化研究与知识生产、迭代与创新……在这种情况下，学术型出版团队的管理者要先做好调查研究，了解目前团队亟须的知识类别、存在的知识短板和未来将要深耕的知识领域，也就是团队的重点知识需求。这样方可有的放矢，为团队量身定制成长所需的"知识包"。

(二) 建设文化基础设施，建构学术型出版团队的核心知识谱系

在做好调查研究的基础上，就可以着手进行学术型出版团队的文化基础设施建设，也就是建构其核心知识谱系。围绕前述学术型出版团队所需的知识类别来看，目前学术型出版团队亟须的核心知识谱系包括以下三个知识层面的建构。一是策划类知识，其核心是判断力。所谓判断力，主要指的是对选题和市场的策划能力。判断力的核心要素是直觉和逻辑，前者是策划的品质，后者是论证的工具。直觉和逻辑的素能是在试错和民主的基础上养成的，这一方面有赖于团队具备合理的容错机制；另一方面有赖于团队具备良好的文化治理机制，即团队中的多元文化和民主治理。二是文笔知识，其核心是文字统辖与驾驭力，即"文字力"。这一方面是指扎实的文字功底与语言功底；另一方面是指编者谋篇布局的能力，即对选题调兵遣将、科学管理、合理实施的能力，甚至是编者自己写出大文章、大作品的能力。三是社会性知识，其核心是市场连接力，即"用户思维"，也就是说，用户在哪里，就在哪里策划出版。互联网和移动智能时代，用户散布于各大网站、移动端、虚拟社区等处，因此编者也要深入这些场域，从中发现用户需求并开展为之所需的知识产品策划和全方位知识服务。

(三) 营造文化上层建筑，引领学术型出版团队的核心文化导向

此处的文化上层建筑，重点是指政治文化。如前所述，新时代学术出版的一个重要导向，就是严守政治站位，讲好中国故事。为此，在学术型出版团队的文化建设中，一要严把导向关，坚持正确的政治方向、舆论导向、价值取向，强化"四个意识"，全面、准确、深入领会中央精神，始

终把正确的政治导向贯穿出版工作全过程；二要倡导正确的历史观、民族观、国家观、文化观，讲品位、讲格调、讲责任，防止功利化、庸俗化、简单化；三要重视做好主题出版，要进一步密切围绕新时代党和政府的中心工作，运用互联网和新媒体等多种手段，通过内容、编校、设计、印制质量俱佳的文化出版产品唱响主旋律，弘扬正能量。

参考文献

［1］于殿利. 出版的维度与跨度［M］. 北京：人民出版社，2020.

［2］耿相新. 出版的边界［M］. 北京：中国传媒大学出版社，2020.

［3］李祖泽. 大时代出版与商务印书馆：为商务印书馆一百周年而作［EB/OL］.（2005-03-03）［2020-07-16］. http：//www.cctv.com/culture/special/C13614/20050303/100839.shtml.

［4］周蔚华. 主题出版及其在当代中国出版中的地位［J］. 编辑之友，2019（10）.

［5］方兴东，钟祥铭. 中国媒体融合的本质、使命与道路选择：从数字传播理论看中国媒体融合的新思维［J］. 现代出版，2020（4）.

［6］张吉刚. 知识与文化的分离与融通［N］. 人民日报，2015-01-19（16）.

［7］贾晓巍. 全媒体时代下的学术出版转型融合发展实践：以"人卫助手系列知识服务数字平台"为例［J］. 中国编辑，2019（12）.

融合出版背景下中小型大学出版社营销转型的思考和探索

——以首都经济贸易大学出版社营销转型探索为例[*]

潘秋华[**]

【摘　要】 疫情促进在线教育快速发展，也加速了出版社探索融合出版的步伐。中小型大学出版社在融合出版方面的营销转型上存在资源投入不足、转型意识不强、人才缺乏等问题，亟待走出一条适合自身发展的融合出版之路。本文以首都经济贸易大学出版社融合出版转型为例，强调中小型大学出版社要注重营销人才的引进和培养并且要提升新媒体融合的营销能力。

【关键词】 融合出版；中小型大学出版社；新媒体

融合出版是近几年出版社在发展转型中思考和探索非常活跃的领域。从概念上讲，融合出版是传统出版和新兴出版在内容、渠道、平台、经营、管理等方面深度融合，实现出版内容、技术应用、平台终端、人才队伍的共享融通，形成一体化的组织结构、传播体系和管理机制[1]。大学出版社作为教育出版最重要的主体，成为融合出版重要的探索者与实践者。

目前，有的规模较大的大学出版社在资金、技术、人才等各个方面，在融合出版发展上已经找到了一定的发展路径并形成了一定的优势，而中小型大学出版社在融合出版方面的营销转型上存在资源投入不足、转型意识不强、人才缺乏等问题，亟待走出一条适合自身发展的融合出版背景下的营销转型之路。

---

* 本文系"出版融合下的重构困境与创新突破"（项目编号2017CXB080）的阶段性研究成果。

** 作者简介：首都经济贸易大学出版社发行部主任，副编审。

一、中小型大学出版社面临的融合出版营销转型的问题

(一) 疫情对融合出版营销转型的促进作用

2020年上半年,一场突如其来的疫情打乱了社会各行各业的发展路径。对出版业来说,疫情意外加速了探索融合出版的步伐。在以往,如果说融合出版、出版转型只是一种宏观形势,现在则成为摆在决策者眼下需要立即着手处理的实际问题。最急迫的问题就是学生因疫情不能返校,高校不得不采取网络教学的方式,这就要求出版社必须适应客户需求,做出相关应对。

由于大型大学出版社已有一定转型基础,可迅速适应疫情带来的新环境,而部分中小型大学出版社在突发公共事件面前则暴露出数字化和网络能力薄弱的不足。但是,中小型大学出版社存在"船小好掉头"的优势,在经过短时间的紧急应对之后,已逐渐适应新的市场环境,开始思考探索如何通过融合出版营销转型,满足为教学的服务以及获得良好的盈利模式。

(二) 融合出版营销转型的特征和面临的问题

在疫情压力下加速进行的融合出版营销转型中,我们可以越来越清晰地看到中小型大学出版社在本次转型的几个特征和转型面临的几方面问题。

1. 营销思维的转变

传统出版在整体项目运营的管理上,依然采取的是从上到下的纵向管理方式。虽然很多大学出版社将原来的发行部更名为营销部,从原来的产品为中心,转向关注消费者需求,以市场为中心,但是编辑、生产、营销之间由于分工和长期形成的工作模式,并未实现真正的融合协作[2]。

随着新兴出版方式的出现,出版工作已经不是传统地从生产到销售的单一运行过程,而需要编辑、技术、营销同时参与、协作完成。互联网技术的发展催生了很多全新的营销渠道和营销模式,营销人员需要将思维方式从传统营销思维方式向互联网营销思维方式转变,在(移动)互联网+、

大数据、云计算等科技不断发展的背景下,对市场、用户、产品、企业价值链乃至对整个商业生态进行重新审视[3]。以纸书的销售渠道为例,线上渠道已不再限于京东、当当、博库等一类电商,头条、抖音、快手等新崛起的二类电商的发展也相当迅速。在这些平台上,很多出版社甚至不再局限于纸制图书的销售,而转型为内容提供商,以内容促进纸质图书的销售,甚至探索对有价值的内容直接开通收费模式。

2. 新媒体融合营销技能急需提升

中小型大学出版社在由传统出版向融合出版、数字化出版转型的过程中,开创了很多的新的营销模式。数字化产品的营销,无论是定价因素、促销模式、渠道都与传统出版有着很大的不同。社群营销、自媒体营销平台、知识付费 APP 等,都是在新媒体融合形势下发展出来的新型营销模式[4]。这是机遇也是挑战,应用正面的心态去接受,努力学习和运用新的技术,迅速提升新媒体融合的营销能力。

2018 年到 2019 年是短视频飞速成长的两年,很多出版社开始思考并尝试"短视频+高校教材"的融合模式,短视频在营销领域的应用更是广泛[5]。然而很多一直以教育和学术出版为重点的中小型大学出版社并未参与其中。2020 年的疫情则让短视频和直播带货站到了风口。如果我们不能迅速调整战略,赶不上这个潮流,就有可能会被这个日益发展的市场遗忘。

3. 融合出版营销下的激励要更加精准

融合出版是传统出版转型发展的方向,但是目前看来,对于出版社的贡献来讲,融合出版的产值与传统的纸书相比还处于相对弱势。对于在融合出版投入资金、技术、人才都缺乏优势的中小型大学出版社来讲,更要特别注意在融合出版、数字化出版方面的营销激励,要给予营销人员足够的空间和信任,既要重视营销转化,又要有培育人才和市场的远见。

二、首都经济贸易大学出版社对营销转型的思考和探索

针对中小型大学出版社在营销转型上需要面对和解决的问题,本文重点介绍首都经济贸易大学出版社在营销转型上的思考和探索。

（一）注重营销人才的引进和培养

营销转型的核心是营销人员的转型。在从传统出版向融合出版转型的过程中，首都经济贸易大学出版社坚持全员营销的观念，这也帮助出版社在近几年形成了由营销编辑、数字编辑、专业发行营销人员构成的相对完备的营销团队。这些人员背景丰富，包括从其他行业转行的优秀营销人员、数字出版从业背景人员、新媒体融合营销经验丰富的人员等。为更好地适应迅速变化的环境，出版社在人才的培养上不遗余力。疫情期间，出版社和百道网合作开通了百道学习，使员工在家办公的时间成为充电时间。出版社不仅注重员工的学习，也特别注重员工之间的相互学习和促进，发行营销部门每个月举行一次内部培训，主讲人员就是各个一线发行营销人员，形成一个敞开分享和相互学习交流、碰撞思想的平台。

（二）通过项目促进新媒体融合营销能力的提升

对中小型大学出版社来说，通过具体项目促进转型是一条最具操作性的道路。通过一个个具体项目，首都经济贸易大学出版社探索在新媒体融合营销各方面的转型道路，包括几个方面：

1. 积极开展自媒体运营

出版社同时运营公众号和服务号，公众号侧重于出版社品牌形象的传播和重点优秀图书的推荐，包括学术类产品和一些优秀的大众读物；服务号侧重于教材推荐和院校教师服务。公众号链接了出版社的知识店铺、微店和网店。服务号链接了知识店铺和教师服务，知识店铺已经上架了电子图书、有声图书、视频资源等，教师服务开通了样书申请、课件咨询、出版咨询、预购教材等板块；服务号力争做好每一位用书教师的服务工作。

2. 开通自营微店

出版社根据自身产品结构的特点，开通了有赞微店，依托公众号推文和促销做好精准营销，近两年销售增长率平均达到400%以上。

3. 抓住机会开展网络互动直播

疫情期间，在学校和企业尚未复课、复工的时间里，家长和孩子都在家办公和学习，长时间的相处遇到了教养中的很多挑战，出版社聘请了

《财富小管家，还是败家小怪物？》一书的作者和译者，针对如何在疫情期间提升孩子的自驱力问题，举行了一场跨洋直播。这次直播活动上线人数过千，互动频繁，家长和读者受益良多，直接促进了图书销售。

4. 开展网络教育与教材出版的互动营销

出版社在网络教育与纸本教材的结合方面，一直在进行积极的探索。一方面，出版社重视与纸本教材相配套的微课以及在线教育的开发；另一方面，出版社也重视网络教育的纸本教材出版，并利用线上线下全渠道做好课程和纸本教材的营销。出版社与作者以及中国大学慕课合作开发了《创新创业+新工科教学质量研究——零基础学会 Python 人工智能》课程+教材融合态产品。在同步推出《创新创业+新工科教学质量研究——零基础学会 Python 人工智能》纸质版教材的同时，与作者、中国大学慕课相关团队联动，开展购课程送教材的活动，用课程带动教材的销售，用教材支撑老师的课堂教学。同时，出版社利用自媒体和教材销售的平台推荐课程，实现课程和教材的互动营销。

三、小结

随着互联网技术的不断发展，融合出版也会有新的发展和变化，中小型大学出版社要积极探索，利用自身优势，寻找到适合自身特点的营销转型之路。要紧跟融合出版发展的步伐，不断突破，敢于尝试，最大限度利用新媒体的优势做好出版社的品牌传播和产品销售。

参考文献

[1] 周百义. 融合出版是传统出版与数字出版的深度融合（一）[EB/OL]. [2019-05-01]. http://blog.sina.com.cn/s/blog_48c256690102y3ar.html.

[2] 李永强. 出版企业媒体融合困境及突围策略 [J]. 中国出版，2019（5）.

[3] 陈光锋. 互联网思维：商业颠覆与重构 [M]. 北京：机械工业出版社，2014.

[4] 李永强. 新媒体融合态势下的出版机构营销模式创新 [J]. 出版参考，2019（5）.

[5] 刘坚. "短视频+高校教材"融合出版：动因、机制和表现 [J]. 中国编辑，2020（8）.

教材图书市场的"柠檬"现象与社会评价机制的构建*

杨 玲

【摘　要】 低质大学教材对大学图书市场的发育危害很大，这些"柠檬"产品产生的原因在于大学教材生产和消费领域的信息不对称，导致"劣币驱除良币"。为消除市场的逆向风险，可通过建立有效的社会评价机制，以合理的教材评价机制传递优质信号等制度安排，与出版社内部教材预评价机制、市场筛选和反馈机制相结合，形成劣质产品淘汰机制，从而使大学教材走出低水平重复和同质化的困境。

【关键词】 大学教材；"柠檬"产品；社会评价机制

在目前的图书市场中，特别是大学教材图书市场中，对图书质量的批评之声不绝于耳，其中以对教材的同质化和低水平重复问题反映最为强烈，其对大学教材市场的发育危害也最为严重。这些低质的大学教材可以称为"柠檬"产品[2]，即次品。柠檬产品产生的原因在于关于产品质量方面买卖双方存在着信息不对称，当产品质量成为厂商的"私人信息"，而市场又缺乏有效的规制时，厂商就有了以次充好的动机，导致劣质品的产生。一个市场如果充斥着这样大量的柠檬产品，就会出现"劣币驱除良币"[3]的现象，也就是次品将优质品挤出市场，最终导致交易的无效率，这就是市场的逆向选择。市场逆向风险的防范，可以凭借有效的契约安排和制度安排强化信息的传递和甄别功能，从而降低信息不对称带来的一系

---

* 本文为首都经济贸易大学教改重点项目研究成果，发表于2008年5月7日《中国新闻出版报》。
② 在信息经济学中，"柠檬产品"指由于卖方比买方拥有更多信息而导致流入市场的低质产品。
③ 指信息在交易双方之间分布的非对称导致的占有信息优势的一方采取隐匿信息获取额外收益的行为。

列不良后果。

一、大学教材生产和消费领域的信息不对称

以产品形态存在的大学教材是作者智力成果的外化，其质量存在着隐形的特征，单纯依靠外在载体并不能准确判断其使用价值的高低，即单凭一本教材的外观不能准确判断出它的内在质量的高低。因此，在教材的生产和消费环节中，都存在着质量信息的不对称。

首先，在大学教材的生产过程中，出版者和作者以合作契约的形式达成质量约定。由于教材的内容具有很强的专业性，因此作者在稿件真实质量方面较之出版者要掌握更多的信息。合同达成后，如果作者有意欺瞒隐藏质量信息，如通过降低质量或抄袭达到省力的目的，通过转包或委派他人达到获利的目的等，则出版者很难发觉。这种在签约后代理人有意隐匿信息造成的风险称为道德风险。事后出版者即使发现事实真相，但在教材图书市场竞争激烈的情况下，出版者为争夺市场份额或留住作者资源，往往采取姑息或纵容的态度。如果社会习俗和规范对作者的上述行为不能形成有效的制约，如作者不会因此遭受名誉或经济方面的损失，那么就会有越来越多的作者有动机在编写教材时采取偷懒行为，降低质量标准，使原稿质量的整体水平普遍下滑。

其次，通过对书稿的编辑加工，出版者显然又比读者掌握了更多的质量信息。在图书进入消费市场后，如果出版者能够从隐匿信息中获益，就会明知质量低劣而继续出版或进行虚假宣传以获得销售利润。那么，就会有更多的柠檬产品流入市场，而优质的精品教材会由于成本高、周期长而被逐渐挤出市场，从而发生逆向选择。

二、以教材评价机制传递优质信号

为了防范上述风险的发生，我们可以通过有效的制度安排、公平而有效的社会监督和约束机制的建立降低信息的不对称。目前广泛采用的教材评价机制就是通过教材评价体系实现教材的筛选，形成质量优劣的"标

签"。这种"标签"实际上起着指示器的作用，可以降低信息的甄别成本，向市场传递有效信息。教材评价机制能否对改善大学教材市场质量起到作用，关键问题是所传递信息的准确性和有效性，因为模糊或错误的"标签"会强化信息的不对称，反而适得其反。目前，我国大学教材的评价机制主要采取以下三种形式。

(一) 以政府和管理者为主导的评价机制

在教育部《关于十五期间普通高等教育教材建设与改革的意见》中，将"建立监控机制，确保教材质量"作为保证"十五"规划落实的措施之一，并提出"开展高等教育教材评介、选优质量指标体系与实施办法的研究，建立科学适用的教材质量评价体系，作为教材编审的主要依据"。高教司对申报国家规划的教材选题进行核查和分类后聘请各学科专家进行评审。具体做法是将评定目标分级，然后赋予不同的权重，最后以分值高低作为评判的依据。一般来说，专家评议意见只是作为评判的重要参考，而非唯一依据。就教育部制定的精品教材的评价指标体系本身而言，不可谓不科学、不完备，但这种评价机制需要注意以下问题：第一，这种评价机制建立在事前评价的基础之上，即通过对申报的教材大纲或原稿对教材的质量属性进行评判，而对教材后期内容是否达到要求，质量情况如何缺乏有效的事后评判和监督机制；第二，打分专家所代表的群体毕竟有限，而且专家的意见也仅作为参考，其他利益群体如教材的出版者、教材的使用者（教师与学生）等在这个过程中几乎没有话语权，这种环境下遴选出的优质教材是否具有代表性有待商榷；第三，整个评判过程处于信息封闭状态，尽管在初步确定入选教材后有一段公示时间，但大多数人根据公示的有限信息——教材名称、作者和出版社，很难对教材的质量做出评价。可以说，这种带有浓重官方色彩的评价机制，其效果很值得商讨。

新闻出版总署对于教材的质量没有专门的规定，但对图书的质量制定有《图书质量管理规定》。该规定的依据是《中华人民共和国产品质量法》和国务院《出版管理条例》，规定图书质量包括内容、编校、设计和印制 4 项，分为合格和不合格两个等级，并对内容、编校、设计和印制 4 项质量指标制定了详细的标准，上述 4 项中有一项不合格的图书，其质量即为不合格。质量合格是图书产品的最低标准，优质教材无疑应符合这一基本要求；但达到图书质量合格标准的教材则不一定是优质教材。

（二）以出版社为主导的品牌评价机制

随着大学教材市场竞争的加剧，越来越多的大学出版社将精品教材建设作为自己的战略发展目标，以品牌的形式加以强化，"精品"成为出版社传达给市场的关于教材产品质量的指示器。这种"精品"标志行为，是一种生产者行为，至于产品的真实质量如何，则因企业的管理水平和竞争力的不同而不同。当然，各社在精品教材的建设中，出于维护自身声誉和品牌建设的考虑，会采取一系列的措施和手段来保证教材的精品属性，如作者的遴选等。而且出版社对教材评价可延伸到教材策划制作的前期环节，因此具有较好的预控制效果。教材出版后则可借助于市场销量和反馈信息，对教材质量加以直接判断，并通过教材的再版修订不断完善。缺点是出版者大多从出版角度和市场角度出发进行评判，对教材内容和教学适用性的把握与教师和学生的要求会有一定的距离，而且仅凭出版者单方承诺很难保证所有其"精品"贴签教材都是优质教材，泥沙俱下、鱼龙混杂在所难免，这使得出版者的自我评价缺乏权威性。尽管都贴有"精品教材"的标签，但真实质量的评判权掌握在教材使用者的手中，由于教材使用者的评价是分散的、针对某一方面的，而且缺乏通畅的反馈渠道，因此很难对出版社造成影响。

（三）与规制相结合的市场筛选机制

既然单凭教材管理者和教材出版者的主观行为，很难保证遴选教材的精品属性，那么，市场是否可以起到筛选器的作用，从而将优质教材与众多的教材区分开来呢？这要取决于教材市场的自由度和约束机制的效率。

发育比较完全的市场也意味着较为完备的法律和制度体系建制，这样才能保证优质产品更具市场竞争力。反之，深受消费者欢迎的产品则可以称为优质产品。对于大学教材而言，一本书的再版重印次数和累计销售册数反映了市场对它的需求，那么，是不是可以以此作为市场选择的指示器，而起到传达教材质量信息的作用呢？在这里，教材市场存在一定的差异。例如，萨缪尔森的《经济学》目前已出版到了17版，这本书称为优质教材，不会引起太大的争议，可以说经过市场反复筛选出的大都是优质教材。之所以强调是发育成熟的市场，首先在于强调教材的再版重印行为是市场自发的选择行为，而非行政干预的结果；其次在于制度和契约对于不规范行为的有效制衡，可以将抄袭侵权之作逐出市场，如果社会舆论和习俗乃至法律都采取漠视或姑息的态度，则很难形成正向激励，从而影响到作者的创作动力和努力。目前，我国的大学教材市场还处在市场发育的初级阶段，存在着市场、制度以及法律方面的诸多约束缺陷，这种与规制相结合的市场筛选机制还很难发挥效力。

三、社会评价机制的建立

上述评价机制或由于本身存在一定的局限性或由于条件的限制不能有效发挥作用，因此，要促进大学教材市场的良性发育，防止道德风险和逆向选择的发生，应结合我国大学教材市场的现状，探索建立大学教材评价机制的有效途径。随着教材图书市场的开放，大学教材品种逐年攀升，因此以社会评价机制反映市场的选择，形成优胜劣汰之势应该成为大学教材的生存法则，使我国大学教材质量的提高应建立在完善市场筛选功能和建立出版者主导地位以形成教材建设良性循环的基础上。

为保证大学教材社会评价机制评选结果的客观与公正，首先其机构的设立应保证专业性、中立性和权威性；其次，评选过程应能够反映教材生产者和教材使用者的诉求，以消除信息失衡。这样才能：①通过对大学教材的评判，向社会传递优质产品信息，使优质教材得以选用；②通过教材质量资料和数据的收集，为教师选用和编写教材提供必要的参考；③通过评价的过程和意见的反馈，促进教材出版的整体水平的提升。④承担大学教材成果的评定和评审任务，提高大学教材的学术地位，并形成惩罚机制，消除道德风险动机。

（一）机构设置

大学教材评价机构应是专业性的非行政的中介机构，并由一线教师和教育专家组成"教材评价委员会"。委员会按学科分为若干组，委员为非专职人员，在各高校教师和高等教育研究专家中推举产生。教材评价过程要经过立项、初审和终评三个阶段，是一个长期的过程。评价机构也应该是一个常设机构，而不是临时性的，它应作为一个独立的部门而存在并发挥它的重要作用。

1. 人员构成和素质要求

（1）非行政化。教材评价机构的最重要的组成人员是评价人员，组成人员不应该同时担任其他行政性职务，以确保评价的科学性。

（2）社会化。专业教材评价机构的人员必须获得国家颁发的教材评价资格证书。获得证书的人员应该精通教育理论、课程理论和评价理论，同时还要懂得心理学、哲学、社会学等理论。

（3）非终身化。教材评价人员的资格应取消终身制，以促使教材评价人员不断的自我丰富和自我提高，同时还要对其定期培训、定期考核。

（4）多元化。评价人员应由各个领域的不同人员组成。为鼓励评价人员长期深入教材评价工作，教材的评价制度可与教育系统中其他教育评价与咨询人员资格认证制度相互关联，形成一个教材评价人员或机构资格认证体系。教材评价人员在评价方面应具有权力，掌握教材评价的全过程，为教材评价的科学性提供保障。

2. 专业教材评价机构的主要任务

（1）对大学教材在设计和编制方面的质量水平进行分析、判断，即对教材本身进行可行性评价。

（2）对大学教材的实际使用情况进行评价，即测定教材在课程实施过程中达成目标的程度，通常包括对教师使用教材的评价和对学生使用教材的评价。教师对教材的使用情况是看教师是否以教材作为他们教学策略的出发点，进而检测教材的应用性。学生对教材的使用情况是看学生行为模式和学生成绩的变化，这体现了教材的使用效果。

（3）对上述两个过程收集到的资料和数据进行分析和总结，得出对教材质量的初步结论。在获取到教材质量、师生对教材的应用的数据之后，对资料进行分析与加工，以期获得对大学教材价值的初步认识，为大学教材改进奠定基础。

（4）把对大学教材的初步评价结果反馈给教师、学生，使他们明确教材的特点、质量水平，以及试用情况，并征求他们对教材的意见和建议。同时把教材使用的情况，教材使用者对教材的满意程度和教材的修改意见反馈给教材出版者，并通过出版者反馈到作者，为教材修改提供实践指导。

（5）对大学教材进行全方位调查研究，包括教材的价值特征、教材指导思想、教材的呈现方式、教材的评价方法等，为教材管理提供决策依据。

（二）评价程序

专业教材评价机构并不是唯一的评价者。教材的编制者、设计者是教材的知情者，教材的使用者是教材的受益人，他们都有权对教材进行评价，专业教材评价机构人员应广泛听取他们的意见和建议，建立教材复议制度是一种很好的解决办法。独立的专业教材评价机构与教材复议制度两者相结合，更有利于教材评价的科学性。大学教材社会评价过程如下：

（1）由"教材评价委员会"向社会发布公告，宣布精品教材的竞标方法。

（2）出版社选送若干教材参加精品教材的评选。

（3）"委员会"召开会议，听取出版者的申报理由和情况介绍。

（4）将符合竞标教材交教材评价机构立项后进行初评。

（5）向社会公布初评结果，以会议的形式征询教育管理部门、教师和学生代表的意见。

（6）将意见反馈给出版社，出版社据此进行教材的修订和修改。

（7）进行教材评定的复议，向社会特别是高校公布最终评定结果。

（三）评价原则

大学教材评价的基本原则包括目的性、公开公正性、科学性和可行性。

目的性原则是指首先要确定评价的目的是以教材决策为目的还是以教材编写为目的，因为不同的评价目的有不同的评价要求，必须在评价之前

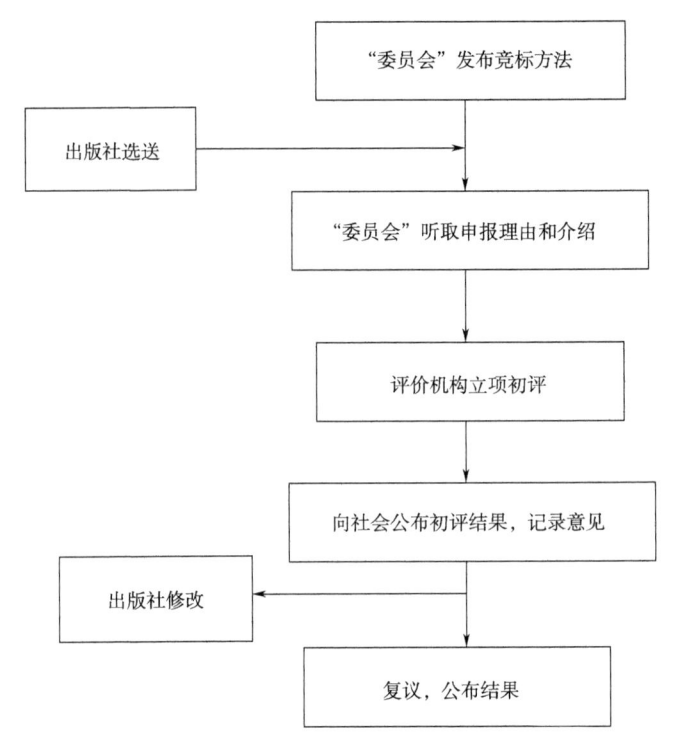

```
            "委员会"发布竞标方法
                     ↓
出版社选送 →
                     ↓
            "委员会"听取申报理由和介绍
                     ↓
              评价机构立项初评
                     ↓
            向社会公布初评结果，记录意见
                     ↓
出版社修改 ←
                     ↓
                复议，公布结果
```

大学教材的社会评价机制过程

弄清。

  公开公正性原则是指教材评价人员在评价过程中保持客观的心态，坚持实事求是。评价过程要有足够的透明度，教材评价的理念、模型、方式、方法、程序、结果都应公之于众并做出详细的解释与说明，评价过程要前后一致。

  科学性原则是指评价的有效性、整体性、独立性与客观性。评价的指标体系要科学有效，评价过程是一个系统的过程，评价具有相对的独立性，以保证评价人员的态度客观。

  可行性原则是指评价指标可行、评价过程可行、评价方法可行和评价结果可行。教材评价过程主要是依据课程标准，对教材进行调查、测试、分析并做出价值判断的过程，教材不同，评价的方法也应不同，为了实现不同的评价目的，教材评价人员要掌握各种评价方法。最常用的评价方法有两种：问卷调查法和模糊综合评价法。问卷调查法侧重对教材的总体评价，是一种定性研究方法。它要求评价的指标体系系统，重点突出，内涵明确。综合模糊评价法是一种定量的评价方法，是对教材进行多因素评价的一种方法。它给出量化的结论，而且还对各种指标的优、良、中、差的程度给出具体的数值，不但肯定教材的优点，而且指出教材的不足之处，从而得出科学的结论。这两种方法取长补短，实现教材评价定量与定性相结合的目的，使教材评价结论的可行性增强。此外，还要掌握其他有关的评价方法，满足教材评价的需要。

当然要消除大学教材市场中的"柠檬"产品，仅靠社会评价机制还不够，应将社会评价机制与出版者内部的教材预评价机制和市场的筛选和反馈机制结合起来，才能不断向社会和使用者传递准确有效的信号，形成劣质产品的淘汰机制，从而走出大学教材低水平重复和同质化的困境。

关于建立高校教材评价体系的思考[*]

周义军[**]

【摘　要】 我国高校教材存在理论性强而实用性弱、内容陈旧、体例单调、形式刻板、低水平重复等问题。建立客观、适用的教材评估体系应重视教材的思想性、科学性、开拓性和创新性等因素。

【关键词】 高校教材；高校教材评估体系现状；高校教材评估体系研究

《中共中央国务院关于深化教育改革　全面推进素质教育的决定》指出："当今世界，科学技术突飞猛进，知识经济已见端倪，国际竞争日趋激烈。教育在综合国力的形成中处于基础地位，国力的强弱越来越取决于劳动者的素质，取决于各类人才的质量和数量，这对于培养和造就我国21世纪的一代新人提出了更加迫切的要求。"

人才培养有赖于教育，尤其是培养高素质专业人才的高等教育。教材是承载并传递课程内容的载体和媒介，是从事教学工作的基本工具，更是培养人才的重要保证。教材质量直接关系到教学质量，进而关系到人才培养的质量。从这个意义上说，教材质量不仅与人才培养质量息息相关，而且在实施科教兴国发展战略中有着十分突出和重要的作用。

然而令人遗憾的是，目前我国高等教育所普遍使用的教材还存在着许多不尽如人意的地方。正确认识我国高校教材存在的问题，科学设计高校教材的评价体系，从而不断提高教材编写质量已成为高等教育中重要的研

---

[*] 本文发表在《理论前沿》，2011年第3期。

[**] 作者简介：原首都经济贸易大学出版社社长、副编审，现任首都经济贸易大学资产管理公司党委书记。

究课题。基于此，本文将就上述问题进行分析，并提出基本构想。

一、高校教材存在的主要问题

自20世纪90年代起，教育部开始下大气力组织全国各著名高校的专家学者策划及编写各专业的高等教育系列教材。经过多年的努力，一大批高质量的"面向21世纪课程教材""国家级规划教材"先后问世。然而纵观高校教材市场，一方面仍是良莠不齐，鱼龙混杂，充斥着大量内容相近、体例相似、内容陈旧甚至粗制滥造的教材；另一方面，受传统教学理念的影响和制约，即便是全国统编的所谓精品教材也存在着这样或者那样的问题，甚至有些教材几乎是乏善可陈。

归纳起来，高校教材中存在的问题大致有以下几方面。

（一）理论性较强，实用性不足

高等教育的基本原则是"三基教育"，即围绕某一学科、某一专业对学生进行基础理论、基本知识、基本技能三方面的系统教育与培养。对本科生而言，更偏重于基础理论和基础知识的灌输。在这一教学理念的指导下，许多高校教材，无论是基础课程还是专业课程，都讲究教材体系的系统性和完备性。尤其是在理论阐述方面，广征博引，从古至今，面面俱到，而忽视了教材的实用性。这类教材可显示出编写者在专业领域内的深厚功力，但往往枯燥乏味，艰深晦涩，难以引发学生的学习兴趣。

（二）内容陈旧，数据滞后

在科学技术飞速发展的今天，知识更新的速度越来越快，各类文献和教材的"半衰期"越来越短。统计表明，当前人类已有知识的更新时间平均为5~10年，个别新兴学科和专业的知识更新时间更是只有短短的2~3年。

面对这一现状，教材的编写和修订必须与时俱进，以便能够及时反映最新的学科知识和技术发展水平。而现状是，许多高校教材不能及时吸收和更新有关内容，知识老化，内容陈旧，数据滞后。调查显示，目前我国高校教材中近半数的编写时间是在五年以前，远不能适应教与学的双重需要。计算机教材没有介绍最新的操作系统，法学教材用的还是陈旧过时的法律法规，财经类教材中的各种统计数据仍然是五年甚至是十几年以前的……凡此种种，比比皆是。

（三）体例单调，形式刻板

形式必须服务于内容，服务于目的，这样才能使"内"与"外"之间达到和谐、完美的统一。教材出版的根本目的在于传道授业，把相关的专业理论和专业知识深入浅出地介绍出来，使人理解、掌握和吸收。为达到这一目的，教材的编写者必须在知识体系的构建、基本体例的设计、内容的阐述方式、语言的选择等方面精心策划，既要便于教师传授知识，又要便于学生学习，从而使教材在科学性、实用性、可读性等方面达到统一。而目前我国的高校教材中大多体例单调，形式刻板，套路陈旧，缺乏开放性和灵活性，以文字陈述为主，鲜有图文并茂，逻辑性、系统性有余，创新性、启发性和生动性不足。

（四）内容趋近，低水平克隆

受各种因素的影响，目前我国高校所采用的教材中低水平重复、内容相近甚至雷同的现象十分突出。无论是理工类还是人文社会科学类，相同专业课的教材在全国往往多达十几个、几十个甚至上百个不同版本。这些教材虽然编著者不同、出版者不同、出版时间不同、教材字数不同、装帧设计不同、书名有时略有不同，但大部分并无独具匠心之处，体系、内容、章节大同小异，至多是"西红柿炒鸡蛋"摇身一变成了"鸡蛋炒西红柿"而已。

同质化教材的泛滥，既反映了出版者的急功近利，也反映了编写者的浮躁，两者的背后无非是各种利益在作祟。

二、高校教材评价体系现状

为不断提高大学教材的编写质量，教育部牵头组织专家设计了一个共三级22项的教材评价指标体系（见表）。

一级评价指标	比重	二级评价指标	分数	三级评价指标	分数
内容质量	0.75	思想水平	30	思想性	25
				逻辑性	5
		科学水平	30	先进性	10
				系统性	10
				理论性	10
		教学水平	30	教学适用性	15
				认识规律性	10
				结构完整性	5
		文图水平	10	语言文字	5
				图表	5
编校质量	0.20	加工水平	55	具体内容	40
				各类符号	15
		设计水平	20	封面设计	10
				版式设计	10
		绘图水平	15	绘图水平	15
		校对水平	10	校对水平	10
印刷质量	0.05	印刷水平	65	开本尺寸	10
				大压墨色	30
				彩色套印	15
				照片插图	10
		装订水平	35	书页装订	20
				装切压膜	15

注：校对水平为差错率低于0.5/10000；如教材内容有特色、有创新、受益面广，可另外加分，但该项满分为10分。

从表可以看出，这一评价体系涵盖了一部教材从内到外、从表到里、从形式到内容的方方面面，并且将每一个评价项目加以量化，具有一定的科学性、先进性、实用性和可操作性。其局限性和不足在于，使用这一评价体系对教材进行评估者，多为政府主管部门组织的专家学者，而缺少了广大的教材使用者，这在实践中难免带有一定的主观色彩。

除上述以政府主管部门为主导的教材评价体系外，国内外的专家学者也对高校教材设计了多种不同的评价体系，如以学术机构为主导的教材评价指标体系，以教师为主导的教材评价指标体系，以使用者（学生）为主导的教材评价指标体系，以出版者为主导的教材评价指标体系，等等。无论哪一种评价体系均不可能尽善尽美。难点在于，设计、选择、确定评价者（评价机构）、评价项目、项目权重、项目分数及各种关联因素时很难做到科学、合理、准确。况且，从表面上看，用分数对各个评价项目加以量化似乎是科学的，但这仅仅是"似乎"而已，须知许许多多的软性指标是很难用数字加以准确描绘的。这跟我们采用量化指标对某人进行评价一样，尽管他是助人为乐的楷模，但打100分显然不符合辩证唯物主义，那么是98分科学，还是96分科学？很显然，没有人能够给出令很多人信服的答案。

三、建立高校教材评价体系应考虑的重要因素

当然，人们对任何事物都可以建立一个较为客观的、大体适用的衡量标准。笔者认为，在建立大学教材的评价指标体系时，主要应考虑以下四个方面的要素。

（一）编写理念和指导思想

在教材的编写理念和指导思想方面应具有先进性，既能充分体现相关理论和相关知识的系统性和完备性，又要紧密结合教学实践，使教材具有启发性、实用性和可读性，将基础理论与真实生动的例证相结合，增加教与学的互动板块，激发学生的学习兴趣。

（二）思想性和科学性

思想性和科学性是一部教材的安身立命之本。教材必须能够充分发挥"用先进的思想教育人，用科学的理论武装人"的积极作用，不仅能够传递和展现人类创造的先进的科学文化知识和专业技术，还能促进大学生思

想修养和专业水平的全面提升。

（三）编写体例和组织方式

教材的编写体例和组织方式虽属外在表现形式，但往往可以直接影响到教学效果。例如，就一门课程而言，一部教材仅以文字叙述的方式罗列相关的理论和知识，而另一部教材则增设了"本章提要""专业术语""案例分析""注释""提示""附录""图表""链接""研究动态""导读书目"等板块，同时每节还附有一幅漫画插图，两者的使用价值和附加值肯定会大相径庭。

（四）开拓性和创新性

教材和学术专著有一个重要的区别，在学术专著中，作者可以根据自己在某一专业领域内的研究成果，提出自己的学术观点和学术见解，同时加以充分佐证；能够自圆其说即可，可以不考虑自己的学术观点和研究成果是否能被公众广为接受。但教材则不同，它的功能是传道授业，因此，所阐述的专业理论和专业知识必须是已经较为成熟的，并得到了多数同行专家的认可和实践的检验。但上述区别和要求并不妨碍教材本身应具有的开拓性和创新性，教材仍然要能够及时归纳、总结、反映人类在某一专业领域内创造出的新理论、新知识、新技术、新方法，力求达到国内或国际相关领域的领先水平。

除上述四项基本要素外，教材的文字、编校、装帧、设计、印刷以及使用范围、发行量、获奖情况等也应作为评价的基本项目。

新时代大学出版社教材建设在"育新人"中的使命与任务

王学江[*]

【摘 要】本文从新时代高等教育立德树人根本任务出发，在分析教材出版存在的问题的基础上，提出要坚守正确的新时代高等教育教材出版观，牢记大学出版社的使命任务，自觉承担"育新人"的责任，始终把社会效益放在首位，努力构建中国特色教材体系，履行服务新时代高等教育立德树人根本任务，用心打造培根铸魂、启智增慧的精品教材。

【关键词】新时代；大学出版社；教材；育新人；使命

一、前言

党的十八大以来，党和国家明确指出，把立德树人作为教育的根本任务，要把立德树人的成效作为检验学校一切工作的根本标准。大学出版社的母体是高校，是我国高校教材建设的活力源泉[1]，大学出版是中国特色社会主义文化建设的重要组成部分，也是高等教育的重要组成部分。教材是教学内容的主要载体，是高校教育教学的基本依据，是人才培养的重要保障，教材建设应在文化传承任务中自觉承担起"育新人"的使命。习近平总书记高度重视宣传思想和文化教育工作，明确指出："育新人，就是要坚持立德树人、以文化人，建设社会主义精神文明、培育和践行社会主义核心价值观，提高人民思想觉悟、道德水准、文明素养，培养能够担当民族复兴大任的时代新人。"[2]这就要求我们要把立德树人融入高校人才培

---

[*] 作者简介：首都经济贸易大学出版社副社长。

养思想道德教育、文化知识教育、社会实践教育各环节，贯穿学科体系、教学体系、教材体系。而我国大学出版社教材建设是在服务高等教育发展过程中，应我国高校教育事业发展需求，在守正中不断创新发展而来的，应自觉担负起新时代教材建设国家事权的历史使命。

二、大学出版社教材出版存在的不相适宜问题

（一）教材建设中的主流意识形态影响力弱化问题，与回答教育的根本问题不相适宜

教材建设关系如何回答"培养什么人、怎样培养人、为谁培养人"这一教育的根本问题。随着改革开放的深入和市场经济的发展，西方意识形态不断渗入，影响了我国意识形态的自我认同。在教材建设中，出现了内容服务和价值引导偏向，甚至出现了单纯追求经济效益，忽视社会效益，让问题教材流向社会，进入课堂的现象，其模糊了教育的根本立场和本质要求，偏离了教材建设的初衷。习近平总书记强调，课程教材要培根铸魂，启智增慧。培"根"就是要打好中国底色，铸"魂"就是要植入红色基因，使学生做到爱党、爱国、爱社会主义的高度统一。这一重要论断为我们深刻理解教育的本质和我国教育的根本任务提供了重要指引，为我们开展高等教育教材建设提供了重要遵循。教材出版作为党的宣传思想文化工作的重要组成部分，要巩固习近平新时代中国特色社会主义在意识形态领域的指导地位，要在政治方向、出版导向、价值取向上立场坚定，要清醒认识教育是国之大计、党之大计，深刻认识为党育才、为国育人是党和国家赋予新时代教材建设者们的崇高使命。

（二）西方教材的中国化建设相对薄弱问题，与中国特色哲学社会科学教材体系建设要求不相适宜

教材体系建设是育人育才的关键，科学回答教材建设中"教什么、教给谁、怎样教"的问题，是教材体系建设的根本要求和现实需要。高等教育教材不同于一般商品，肩负价值引领和知识服务功能，是高校铸魂育人

的重要依托，必须体现党和国家意志，体现党和国家对教育的基本要求，体现国家和民族基本价值观。我们要防止教材建设中的马克思主义边缘化、空泛化，防止假大空和脱离现实的教条理论充斥教材和课堂，要为习近平新时代中国特色社会主义思想进课程、进教材、进头脑做好切实保障。

我们要深刻认识到，"培养什么人"这一"教育的首要问题"是教材建设中不容回避的重大政治课题。而我们大量引进的西方科学知识教材体系是在西方意识形体话语体系环境下形成的，在借鉴西方哲学社会科学教材建设成果过程中，存在的简单粗放引用，忽视中国国情需要和文化基因，存在着中国式教学案例匮乏、质量不高、系统性不强，教学实践性、验证性内容与理论衔接困难等问题，导致教材中国化建设薄弱。教材建设要体现中国现实国情、中国发展需求、中国文化基因、中国思维方式，同时，又应充分体现人类文化知识积累和创新成果，对于世界优秀文明成果，不盲目排斥，也不全盘照搬，而是合理借鉴、丰富发展，努力实现教材建设的中国化、民族化、本土化，做到世界文明成果的中国化实践阐释，开发建设具有原创性的中国版教材，真正做到教材建设的守正创新。

（三）教材长期迭代中的同质化问题，与人才培养的特色化需求不相适宜

随着我国高等教育实现由精英化向大众化，并向普及化迈进，大学出版社教材建设在高校教育教学改革和课程改革过程中发挥了重要保障作用，教材建设的自主性不断增强，教材的规模化市场渐趋形成，教材逐步呈现多样化，但教材同质化现象也愈发突出，教材领域的深层次问题也日益凸显。教材是一种特殊的商品，我们尊重其文化产业的市场属性，但不能忽视其社会文化属性，要清醒地认识到高等教育在教育层次、学科类别、人才培养类型等方面是存在差异性的，这是由社会对人才需求的多样化、多元化客观决定的。不但同一高校不同专业或不同高校相同专业，其培养目标、课程体系、授课逻辑会存在差异性，即使同一专业不同方向也会存在国际化、复合型、创新型、应用型及技术技能型等区别，以同质化为主导的教学活动及其衍生出的同质化教材建设选用模式，忽视了受教育者的个性化和主体性，试图用

教育的通用性来代替教育的差异性，这会颠覆教育富有创造力的本质。坚守党的出版阵线，坚持社会效益为首和"双效"统一，着力打造原创性特色化教材，克服文化产业市场环境单纯利益驱动下对教材出版带来的冲击，是大学出版社教材出版应高度重视的问题。

（四）忽视"教材"与"学材"的衔接融合，与新时代高质量融合发展需求不相适宜

教材是教学活动的载体，从教材定义上看，有狭义和广义之分：狭义的教材即教科书，是一个课程的核心教学材料；广义的教材指课堂上和课堂外教师和学生使用的各类教学材料，如课本、习题册、教学活动方案、实践教学和实验计划等等。从教和学双向来说，凡是有利于学习者增长知识或发展技能的材料都可称为教材。目前，行业和社会上所说的新形态教材、新型融合教材、教学资源平台等等，也是教材从狭义向广义延伸，表现形态多样化、个性化的体现。从另一个角度来看，传统或狭义的教材概念，更强调以"以教师为主导，以学生为主体"中的"以教师为主导"，在强调教师是教育的引导者、指导者的同时，往往容易忽视教材是教与学的主要依据，是教师与学生相互作用的中介，忽视教学活动的中心是学生。

教材延伸含义的发展，为新时代教材建设提供了鲜活的本土化案例，为教材的中国化、特色化，为越来越多高质量中国版教材的成长提供了适宜土壤。综合来看，不管是从"教材"与"学材"大中小学衔接，还是教材新形态的开发建设，都处在不断探索和完善阶段，离成熟的高质量融合发展还有很长的路要走。现代教材在观念和表现形式上对"以学生为主体"的重视，意味着我们在教育教学的过程中，要在教师主导下，从引领学生成长成才出发，力求围绕学生爱国情怀、担当精神、创新思维、实践能力培养，尤其要"大力培养学生的创新意识、创新精神和创新能力"[3]。

三、坚守初心，坚持正确的新时代高等教育教材出版观

（一）坚持教材出版工作的根本原则——党性原则

新时代高等教育教材出版，要坚持以习近平新时代中国特色社会主义

思想为指导，坚持马克思主义新闻出版观。要充分认识坚持马克思主义新闻出版观的重要性必要性，要深刻领悟党性原则是马克思主义新闻出版观的根本原则，学习新闻出版观，提高党性修养，引导出版工作者充分认识意识形态领域的复杂形势，认识加强马克思主义新闻出版观教育是坚持围绕中心、服务大局的根本要求，是打牢思想根底、增强把关能力的有效途径，是增强政治意识、大局意识、责任意识，抵御错误思想观点侵蚀，解决当前出版导向问题的重要举措。新时代出版工作就是要巩固习近平新时代中国特色社会主义在意识形态领域的指导地位，深刻认识新形势下意识形态新问题，在政治方向、出版导向、价值取向上立场坚定，深度参与新时代高校人才培养教材出版服务，旗帜鲜明地贯彻落实党管宣传、党管出版、党管意识形态的精神。

（二）坚定从国家事权高度定位和考量教材建设

教材是集意识形态逻辑、文化知识逻辑与教育教学逻辑为一体的内容载体，是国家主权的无形边界，教材管理是国家治理的重要组成部分，教材建设要站在国家事权高度来定位。近年来，党和国家高度重视教材建设工作。教材工作者肩负为加快推进教育现代化、建设教育强国、培养担当民族复兴大任的时代新人，打造更多培根铸魂、启智增慧的精品教材的时代使命。教材建设是育人育才的重要依托，体现了国家意志，是国家事权。在教育部高教司编写的专业目录和专业介绍中，对教材建设中应注意的培养目标、要求及核心课程均做了明确规定。2020年，国家教材委员会、教育部印发的全国教材建设规划和四个教材管理办法，整体部署推进大中小学教材建设，明确了各级各类教材"谁来管、管什么、怎么管"的问题，确立在打好中国底色、厚植红色基因的基础上，职业教育教材重在体现"新"和"实"，提升服务国家产业发展能力；高等教育教材重在学术理论创新，打造凸显中国特色的精品教材。

（三）坚守教材建设社会效益首要地位基本遵循

大学出版社具有的文化产业属性，容易产生"经济效益偏硬，社会效益偏软"的问题，容易出现教材出版偏离育人初衷，背离高等教育发展规律和学生成长成才规律的现象。2018年12月，中宣部印发《图书出版单位社会效益评价考核试行办法》，该办法指出，图书出版单位社会效益指图书出版单位通过以图书为主的出版物以及与出版相关的活动对社会产生的价值和影响，其评价考核主要聚焦在出版质量、文化和社会影响、产品结构和专业特色、内部制度和队伍建设等方面约定社会效益内涵，且社会效益考核占综合评价考核的权重在50%以上，做到了指明方向、彰显价值、量化指标、明确底线，为新时代教材出版的改革与发展提供了内在运行动力，对不断构建习近平新时代中国特色社会主义思想的话语体系和传播体系，繁荣新时代中国特色社会主义文化，提升教材策划开发、宣传引导和服务水平，打造具有新时代中国特色的"中国系列"教材提供了重要保障。

四、牢记使命，弘扬和传播社会主义核心价值观

（一）价值引领，文化润心，教材建设要理清价值与文化的内在关系

习近平同志强调："文化自信，是更基础、更广泛、更深厚的自信，是更基本、更深沉、更持久的力量。"[4]文化具有的极强的渗透性、持久性，深刻作用于社会发展和文明进步，是民族凝聚力和创造力的重要源泉，培育和弘扬社会主义核心价值观必须立足中华优秀传统文化。在高校人才培养中践行社会主义核心价值观，关键是让高校学生在思想理论上充分认知中华传统优秀文化内在价值与社会主义核心价值观的关系，真正做到真信而自信。教材是育人育才的重要载体，也是文化传承的载体，不但承载着价值引领、知识服务的使命，也承担着文化传承任务，这与高校人才培养、文化传承和创新职能是高度契合的。以社会主义核心价值观为引领，在教材建设中厚植中华优秀传统文化基因，融入中华民族精神追求，大力弘扬以爱国主义为核心的民族精神和以改革创新为核心的时代精神，使社会主义核心价值观内化为精神追求、外化为自觉行动，是高等教育教材建设应该担当的时代使命。

(二) 整体建构，一体融合，推动社会主义核心价值观融入教育教学

社会主义核心价值观凝聚了全党全社会价值共识，是国家建设、社会发展的主流价值观，弘扬社会主义核心价值观和中华优秀传统文化建设是我们构建美好精神家园的一体两面。2014年出台的《中共教育部党组共青团中央关于在各级各类学校推动培育和践行社会主义核心价值观长效机制建设的意见》中也明确提出，要研制中国学生发展核心素养体系，构建各级学校有机衔接的课程教材体系，实施高校课程体系和教育教学创新计划，促进社会主义核心价值观融入专业课程教学和教育教学体系。在高等教育教材建设中，以社会主义核心价值观为引领进行课程思政建设，寓价值引导于知识传授之中，是价值观念与价值实践的辩证统一，是大中小学教育衔接贯通、一体融合，是思政教育突破易流于形式化、生硬化、表面化、标签化倾向，走向系统化、融润化的有效途径。

五、聚焦教育，服务新时代高校立德树人根本任务

高等教育要回答好教育的根本问题，就要全面落实立德树人根本任务，践行为党育人、为国育才使命，培养全面发展的时代新人。教材体系作为价值传递、文化润育、知识传输、能力培养的教学支撑体系，是支持课堂教学开展的主要媒介，是实现课程目标的重要教学资源，"十四五"时期，大学出版社教材建设要遵循"育新人"时代要求，在教材原有建设基础上，重点做好教材内容质量和内涵外延建设等工作。

(一) 培根铸魂，课程思政是个好抓手

课程教材建设要充分满足新时代教育发展需求，反映国家经济社会发展对创新人才的新要求，就要围绕高等教育立德树人中心环节不断创新发展。"十四五"期间，教材建设的首要任务，是深入推进习近平新时代中国特色社会主义思想进课程教材，切实实现教材培根铸魂功能，而课程思政正是教材建设的重要切入点和有力抓手。2016年12月，习近平总书记

在全国高校思想政治工作会议上指出，思想政治理论课要坚持在改进中加强，提升思想政治教育亲和力和针对性，满足学生成长发展需求和期待，其他各门课都要守好一段渠、种好责任田，使各类课程与思想政治理论课同向同行，形成协同效应。这一重要论断为高校落实立德树人根本任务，践行"三全育人"体制机制，开展思想政治育人工作提供了根本遵循。

长期以来形成的思政课程"价值孤岛"现象，严重影响了高校立德树人根本任务的落实。课程思政改革要实现立德树人，体现"三全育人"，就要解决好专业教育和思政教育"两张皮"问题[5]，深入挖掘专业课程的思政元素，将思政点巧妙地融入专业面、融入课程教材建设中，做到在专业人才培养目标中嵌入，在课程体系中体现，在教材体系中落实，在师生教学传接中激发，在课堂教学中润育。正像习近平总书记曾说的，"好的思想政治工作应该像盐，但不能光吃盐，最好的方式是将盐溶解到各种食物中自然而然吸收。"

教材是课程思政育人功能的重要依托，是学科、专业、课程及教师、课堂、学生相关教学关联元素的重要介质和载体，在课程思政改革中进行教材建设，应力求思想性和科学性的有机统一，勇于吸收中华优秀传统文化，借鉴世界有益文明成果，不可生搬硬套，不可强词夺理，不可僵化阻滞。这就需要作者、教师和出版工作者在不断提升思想政治素养的基础上，在教材建设和内容输出上做到"润物细无声"，既体现专业课程的思政内涵，实现价值传递与知识传授的有机融合，寓价值观引导于知识服务和能力培养之中，又体现以人为本、以学生为中心，遵循教育教学规律和学生成长成才规律，重视教学参与者的体验感、获得感、认同感，切实提高课程思政改革实效，提升教材铸魂育人水平和启智润心能力。

（二）教材中国化，中国案例不可缺

教材建设要服务高等教育教材立德树人、以文化人，培养能够担当民族复兴大任的时代新人的使命任务，要推进教材中国化，就要力推案例中国化，这是讲好中国故事的关键，案例中国化需要着重处理好以下几个问题：

一是"古为今用"问题。我们价值体系的坚守，文化的作用不可或缺。民族文化是中华民族立于世界民族之林的独特标识和重要法宝。教材建设是构建民族主体意识、打好中国底色、增强文化自信中的重要一环，优秀传统文化是中华民族的精神命脉，是最深厚的文化软实力，教材建设中需要坚持继承中发展，发展中继承的思路，融入中国优秀文化案例，让优秀传统文化焕发时代生机。

二是"西为中用"问题。保持系统性观念，开放性思维，客观认识西方科学文化知识的两重性，对新时代教材建设尤为重要，一方面，在教材建设中我们要保持中国底色、民族特色，从中国的国情和实际情况出发来开发建设中国案例，在创新中发展，在发展中创新；另一方面，我们也要坚决剔除西方消极意识形态和文化影响，积极吸纳西方优秀文明成果，以开放包容的心态保持在鉴别中吸收，在吸收中鉴别西方文化成果，不断推进新时代中国东西方案例教学的融合发展。

三是"时代使命"问题。培根铸魂、启智增慧的时代使命，对教材建设提出了时代性和原创性要求。首先要深刻领会时代的思想和精神，将习近平新时代中国特色社会主义思想的科学体系、精神实质、核心要义和实践要求，切实融入教材建设，同时，教材建设要紧密联系新时代中国特色社会主义实践，深入挖掘案例元素，讲好中国故事，涂好新时代亮色，在时代课题的内化中实现教材案例中国化的创新发展。

四是"科学求是"问题。教材是育人育才的载体和重要媒介，其建设过程也是遵循教育教学规律和人才成长规律的研究过程，其价值的传导、知识的传递、能力的培养等方面的服务需要教育理论的支撑，需要中国教育实践的验证，教材建设要立足我国教育教学服务的本质，考虑不同类别教育的属性，要保持科学的精神，求是的态度，在教材案例建设中因地制宜而不削足适履，在守正中创新、创新中发展。

（三）打造精品，内容质量要狠抓

伴随着我国经济由高速增长向高质量增长的转变，教育迈向从规模增长向质量提升的新阶段，出版业也从高速增长向高质量发展转型，习近平总书记在给人教社老同志的回信中，明确要求出版社"用心打造培根铸魂、启智增慧的精品教材"，为新时代教材出版指明了方向。高质量的教材体系建设是落实党在新时代教育方针的核心和基础[6],坚持质量第一,以高质量来满足高校师生和社会对教育内容的更高层次需求,成为教材出版的重要方针原则。

内容质量是教材建设的红线,需要我们坚持不懈做好以下工作:一是整体意识建设。要提高政治站位,就要充分认识到不断增强政治意识、责任意识、价值意识、质量意识、精品意识是抓好内容质量的思想前提。坚持正确政治方向,坚决贯彻党管出版、党管宣传、党管意识形态,坚持以为师生教育教学服务为中心、社会效益为首,坚信质量就是教材出版生命线,是大学出版社教材出版可持续健康发展的思想保障。二是质量闭环建设。出版一本教材,从教材的选题策划、组稿、编校、设计印装、营销发行,到服务信息反馈,再回到选题策划端等,整个流程是一个严密的闭环,每一部分都要坚守正确的政治导向、价值导向,都要遵守出版行业质量控制要求,遵循教育教学规律和人才成长规律,哪一个环节出了问题,都会影响教材出版的质量,影响价值引领和知识服务效果,需要常抓不懈、久久为功。三是人才能力建设。出版业是智力密集型产业,出版人才是教材出版发展的核心资源,出版人才能力建设是教材内容质量的重要保障,是坚守党的教材出版意识形态阵地的重要力量。教材出版工作的政治属性、教育属性,要求教材出版人不但要深刻领会教材在育人育才中的重要地位和作用,还要深刻认识到精品教材建设是高质量教育体系建设的基础。

(四)立体开发,把好认知和传播需求新课题

随着教育改革的不断深入,现代科学技术和教育理念的发展,尤其是信息技术的快速发展,学生学习习惯和阅读习惯、价值与知识的传播方式发生了革命性变化,教学过程中的个性化、多样化、选择性、自主性等特点越来越明显。传统纸质教材单一的文图表的表现形式,在满足新知识传递及时性、内涵传递精确性、资源整合的便利性等方面的力不从心,限制了教材价值信息迭代和前沿信息引领的作用发挥,一定程度上已跟不上现代教学理念和教学模式的变化需求,影响了铸魂育人和知识服务能力的发挥。教育教学上的需求变化、认识变化、模式变化使现代教材定义边界也

发生了质的变化，随着立体化教材在文图表的基础上 PPT、习题、实验实践项目、案例库等资源的丰富，动画、音视频、AR 等媒体形式的引入及翻转课堂、慕课、微课等网课程的兴起，教材已不是原来单纯的"教科书"传统定位，其内涵已渐趋向"内容和形式丰富、层次和功能完善，为现代教育教学'赋能'的教学资源的集合"扩展演变。现阶段大学出版社教材的立体开发，大致有原有教材立体化和新开发立体化教材两个方向，包括教材与互动教学平台建设、教材的资源数据库及资源服务平台建设、教材与课程项目建设等等。尽管教材的观念形态和概念边界发生了变化，但立体化教材培根铸魂、启智增慧的本质属性不应变化，并应在建设过程中逐渐打造其新时代的特点：一是先进性、中国化建设。立体化教材建设应立足新时代教育教学新需求、新变化、新要求，突破传统教材的局限，始终保持教材建设理念和价值知识内容先进性，始终服务于高等教育育人育才使命要求，坚定不移推进立体化教材的中国化，尤其要注意拓展资源平台的中国化问题，为立体化教材建设打好政治基础、本土基础和理念基础。二是融合性、开放性建设。立体化教材开发要充分利用现代新信息技术，使传统教材与信息技术融合，与新媒体融合，不断发展立体化内涵，不断外拓资源的便利升级，不断突破教与学的时空界限，建设开放的资源融合与互动性教学新载体。三是创新性、实用性。立体化教材、融合教材、数字化教材、新形态教材、一体化教材建设等教材建设形态迭出，不断促进教材出版理论与内容形式创新，较好满足了教学的互动性、选择性、个性化、多样化等需求，但应始终围绕服务高等教育立德树人根本使命任务，强化两个注意：一要注意导向正确，应注意在观念上不要差异化对待纸质教材和其他立体化资源质量风险，包括政治质量、价值质量、内容质量等，在实际工作中注意附加资源的审校规范和质量监管；二要注意科学适用，应注意在观念上要认识到普通高等教育教材和高等职业教育教材的客观差异性，不应将高等职业教材做成普通高等教育教材的简化版，切实贯彻落实高等职业教育实践性教学学时原则上占总学时数 50% 以上的要求，也不应简单将普通高等教育教材做成高等职业教材的升级版，而要按照人才培养层次目标要求，落实"职业教育教材重在体现'新'和'实'，提升服务国家产业发展能力；高等教育教材重在学术理论创新，打造凸显中国特色的精品教材"的高等教育教材建设新要求。

六、结语

高等教育教材建设是国家事权，大学出版社教材出版是党和国家意识形态建设和人才培养的重要阵地，关系党之大计、国之大计，大学出版社教材出版应紧紧围绕新时代高等教育立德树人根本任务，认真分析高等教育教材出版中存在的问题，坚守马克思主义新闻出版观，始终把社会效益放在首位，努力在高等教育教材的政治导向、价值传导、知识传输和能力培养属性上下功夫，守正创新、科学求是，用心打造培根铸魂、启智增慧的精品教材，切实将"育新人"的使命任务作为教材建设者的思想自觉和行动自觉。

参考文献

[1] 宗俊峰，刘志彬. 新时代大学出版社高校教材出版的思考与展望. 现代出版，2021（3）：49-54.

[2] 习近平谈治国理政：第三卷［M］. 北京：外文出版社，2020：310-315.

[3] 施九铭，董筱婷. 推进教材建设高质量发展打造更多培根铸魂、启智增慧的精品教材：访教育部教材局局长田慧生［J］. 人民教育，2021（5）：18.

[4] 本书编写组.《中共中央关于党的百年奋斗重大成就和历史经验的决议》辅导读本［M］. 北京：人民出版社，2021：54-57.

[5] 韩宪洲. 全面推进课程思政建设的逻辑进路探析［J］. 中国高等教育，2020（17）：31-33.

[6] 李永强. 新时代大学出版社教材建设的使命与实现路径［J］. 现代出版，2021（6）：80.

专业英语教材出版简析

——以"经贸英语丛书"为例[*]

田玉春[**]

【摘 要】 大学本科阶段的专业英语教学是为适应教育发展目标的客观要求设立的,为此相关教育和出版机构均做出了一定探索。本文在对大学英语教学模式回顾和专业英语教材市场调查的基础上,提出本科阶段专业英语教材应适应两阶段的教学要求,并以经贸英语丛书为例,对低年级的专业英语教材的策划和编辑提出建议和意见。

【关键词】 专业外语;教材建设;双语教学

一、大学英语教学模式的变化

我国加入世界贸易组织后,国际交流和合作日益频繁,为适应全球化的发展趋势,培养具有国际视野和竞争力的人才,各高校纷纷进行了大学英语教学改革,力求将学生培养成专业知识丰富和英语水平高的复合型人才,满足国际化时代用人单位选择人才的需求。

目前我国大学的英语教学实践分为两块内容:一是基础英语教学,即大学公共英语;二是专业英语教学。尽管教育部明确声明四、六级考试不与学位挂钩,但大多数院校存在着"重基础英语教学、轻专业英语教学"的普遍倾向。

就基础英语教学而言,随着我国大学新生英语水平的普遍提高,高校外语教育已经开始在慢慢调整,明显的趋势是:公共英语教学任务将下放

---

[*] 本文发表在《现代出版》,2017 年第 5 期。
[**] 作者简介:首都经济贸易大学出版社编辑室主任、副编审。

到中学阶段去完成,国家逐渐在大范围内推行国家英语能力考试,未来大学里英语四、六级可能会取消,学生进入高校时便可专注于专业英语的学习。

在专业英语教学方面,实践中存在两种模式:一是专业化教学模式,旨在综合利用外语教学理论、跨文化交际学理论和国际学院的教学实践,构建一个复合型、专业化的全英文教学环境,诸多学校引入优秀的原版外文教材,或者选聘师资、组织外语教师和具有相当水平的专业教师共同编写教材,甚至联合外籍教师共同参与教材的编写。二是从教学、科研、师资队伍建设和教材建设等实际出发,针对需要面对和解决的问题,在教学工作中摸索和研究出一套"低年级的专业基础课程+高年级科研分析和外语授课"的实践教学,并且不断丰富和完善。

总之,由于专业外语学科的特殊性,无论在师资、课程设置还是专业培养方面,国内尚未形成一套行之有效并且各校通用的改革模式。

二、专业英语教材市场调查

对应于上述的教学实践,在高等教育外语图书出版领域,现在基于公共英语的教材和市场读物种类比较丰富,专业英语教材品种较少。一部分是原版(影印版)全英文教材,如高教社的"国外优秀生命科学教学丛书",清华大学出版社的"大学计算机教育丛书""全球化管理经典英文教材"系列,中信出版社"会计学影印系列",中国人民大学出版社"新闻传播学英文原版教材系列"等。另一部分是中英文混排型教材,编写者一般采取中英对照、单词注释等形式,如武汉理工大学出版社的《市场营销学》,以及国际商务专业的部分教材等。就市场上的原版英文教材而言,大多存在难以兼顾国内教育习惯、学生阅读效率低下的问题,而中英文混排型教材的普遍问题是缺乏专业知识的完整英文表述、知识量大小难以把握、系统性完备性不足等。

因此,笔者认为,国内专业英语教学普遍缺乏一种从中文学习到英文学习的过渡教材,应该根据教学安排的实际,重点在本科低年级阶段开设难易适度、专业基础知识完备、考虑学生英语能力的专业英语课程,从而实现到高年级阶段"用英语学"专业知识的目的。

出于了解目前在校大学生专业外语图书阅读习惯的目的，我们对首都经济贸易大学和中国传媒大学的在校生进行了问卷调查。调查对象包括不同年级、不同专业的200名本科阶段的大学生。调查采用了由专业外语任课老师将问卷发给学生、一周后由老师收回的方法。为了观察学生对经贸类专业英语的喜好差别，对参与调查的同学每人赠书2册，可以在经贸英语丛书中任选[①]。

从综合问卷调查和赠书情况可以看出：

第一，对于原版英文教材，学生普遍反映存在生词过多、编排体系混乱、学习比较吃力的情况，因此，专业英语教材需要顾及学生的英语理解能力，需要适应国内的教学大纲及内容。

第二，学生在赠书活动中选择最多的是《金融英语》，其次是《会计英语》和《工商管理英语》，反映出学生对于时下热门专业英语的敏感性。

第三，从问卷调查得知，学生大多注重从英语学习APP等网络学习平台中进行公共英语的学习，尤其关注词汇、语法、阅读等能力的提高，对专业类外语知识偶尔也会进行查阅，但缺乏系统性和持续性。

三、专业英语教材图书策划方向

综合前述分析可知，国际化教学环境中的专业教材需要以外语知识为传播手段，实现专业知识的有机融合与渗透，因此编写一套优秀的复合型专业教材的难度较高，仅在国际商务、国际贸易等部分专业可以尝试这种全英文教材。大多数院校受各种因素制约，在专业英语领域，仍采用两阶段的培养模式，即低年级的专业基础课程进行专业英语能力的培养，此类课程重点放在专业词汇及该领域专业理论方面，为后续高年级科研分析和外语授课打好基础，使学生专业外语能力的培养成为一个系统性的体系。

策划专业英语的书籍，首先需要策划者确定大的出版方向，出版低年级的专业英语教材要比出版学科层次、内容、体系完全等同的英文教材更

---

① "经贸英语丛书"是由首都经济贸易大学出版社推出的一套专业英语两栖读物，包括《金融英语》《会计英语》《旅游英语》《工商管理英语》《市场营销英语》《财税专业英语》等。

容易一些。根据现有的教学手段与师资质量要求，在低年级课程中只需要提供重要理论的表述及专业术语词汇，引导学生建立对本专业的学习兴趣，同时大多数教师在具备本领域专业知识基础上比较容易进行这个环节的教学。

四、专业英语图书的内容策划

在确定大的出版方向后，策划者需要把握图书的内容重点，选择最适合学生使用的图书，突出读者的客观实际需要并凸显书籍的特色，发挥出版社自身对市场和出版业务的优势，这对于保证最终图书的质量和市场是非常重要的。图书不是简单的各个内容的大杂烩，这样的书难以突出图书的特色，更难在现今激烈竞争的市场环境中获得读者青睐。以"经贸英语丛书"中的《金融英语》一书为例，选题确定后，编辑与作者针对专业英语教学实际进行了多次沟通，最后确定了如下体例：①对有关专业知识按单元分类进行介绍，在突出重点的同时，兼顾专业的系统性和覆盖范围。②在每一个单元内部分为句式、专业词汇、相关知识、阅读材料四大部分。在句式（sentence patterns）部分，将该单元阐述内容中重要的句型罗列出来，使读者熟读之后能够大大提高理解该专业英语资料的能力。在专业词汇（professional terms）部分，以中英文对照的方式列出重要术语，方便学生查阅，避免在学习专业英语过程中将时间大多浪费在查阅字典上。在相关知识（relevant knowledge）部分，着重介绍本模块内容的系统理论及实际工作中可能遇到的疑难问题，增强读者的实践能力，该部分采取中英文对照的形式，方便学生掌握专业基础理论。在阅读材料（reading materials）部分，注重提高读者理解专业外语资料的能力，开阔视野，尤其是针对该领域的最新热点问题，增加原汁原味的专业资料。四个部分的内容有机构成了该单元专业英语知识的完整体系，更加方便读者的学习。

总之，专业英语教学改革不可能采取"一刀切"的办法，因此相关的教材选择应该多样化，出版机构应该紧密结合教学实际的要求，加强与一线教师的交流，多出版满足"宽口径、应用型、复合型培养模式"要求的专业英语图书。

参考文献

[1] 章振邦. 也谈我国外语教改问题 [J]. 外国语, 2003（4）.

[2] 罗睿, 郭建军. 对中国大学双语教学中教材建设的思考 [J]. 教育文化论坛, 2015（5）.

[3] 胡小平. 商务英语类图书编辑的原则与方法 [J]. 现代出版, 2014（6）.

[4] 蔡基刚. 关于大学英语课程设置与教学目标：兼考香港高校大学英语课程设置 [J]. 外语教学与研究, 2011（4）.

出版家汪孟邹经营才能新论

孟岩岭[*]

【摘　要】 本文针对论者对于汪孟邹经营才能的质疑，通过史料梳理，从确定出版方向、汇聚优秀作者、选题策划上的独到见解和资金使用上的精打细算四个方面，阐述了出版家汪孟邹的经营才能，认为他所采取的各项措施，是适合亚东图书馆发展实际的，对于汪孟邹的经营才能，应给予肯定和公正评价。

【关键词】 汪孟邹；经营才能；新论

1913年，安徽绩溪人汪孟邹创办了上海亚东图书馆（在本文中简称"亚东"）。这是一家规模很小的出版机构，但却在中国近代出版史上占据着重要位置，特别是它在新文化运动期间出版的大量反映新文化新思想的图书，更是产生了深远影响。

对于亚东掌门人出版家汪孟邹的经营才能，在他的生前和身后，一直存在着不同的认识和评价。陈独秀说"孟翁（汪孟邹）是一块商业人才之料"[1]，茅盾说汪孟邹是"永远跑在时代前头"的"书贾"[2]；但也有人持负面评价，认为汪孟邹"对于出版方面也没什么主张"，"无论对何人都要用他经验的权术"[3]。除上述两种评价外，更多的人则将亚东图书馆的出版成就与胡适、陈独秀等人的积极参与和帮助联系起来，认为汪孟邹不过是个靠了众多名人帮扶而做出了成绩的书商，他本人在经营上是普通而平庸的。笔者认为，这种评价是有失公允的，亚东图书馆能在竞争激烈的近代上海出版业占据一席之地，离不开汪孟邹出众的经营才能，他是个在经营上很有头脑、很出色的出版家。下文将从四个方面加以论述。

---

[*] 作者简介：首都经济贸易大学出版社副总编辑、编审，主要研究领域：出版史、出版实务。

一、为亚东图书馆确立了创新性、时代性、革命性的出版方向

1923年，胡适在日记中写道，"亚东此时在出版界已渐渐到了第三位"[4]，显然这里所说的"第三位"，并不是说亚东图书馆在出版规模上已经可与商务、中华这样的大出版社鼎足而立，而是说它的出版物社会影响力很大，堪与大出版社相媲美。事实正是如此，新文化运动前后，亚东图书馆成为出版、销售反映新思想新文化图书和杂志的排头兵。这自然离不开陈独秀、胡适等人的指导和引领，但也和亚东掌门人汪孟邹一贯关心社会思潮变化，勇于接受新事物，秉持先进的出版理念密切相关。

汪孟邹早年受其兄汪希彦、其师胡子承的影响，阅读了不少具有进步思想的报刊和图书，后来又结识了陈独秀、胡适等人，更加受到新思想的洗礼。特别是陈独秀，更是成为汪孟邹一生追随的思想导师。从汪孟邹出版事业的轨迹可以看出，他一直将紧跟时代思想文化发展变迁作为经营出版事业的方向。1903年，汪孟邹创立亚东图书馆的前身芜湖科学图书社。创建伊始，书店就开始售卖新书报，"有的是反清的，如《黄帝魂》、邹容的《革命军》、《苏报》、《复报》等"[5]。1915年，成立两年的亚东图书馆（亚东图书馆1913年在上海成立）印行章士钊主编的《甲寅》杂志，宣扬共和，反对袁世凯，亚东的名字渐为读者所知。此后，汪孟邹的挚友陈独秀出任北京大学文科学长，亚东开始代销北大出版部的图书和杂志。据吴永贵的整理，见于《建设》和《新青年》杂志所列的亚东代理销售的北大出版部图书，计有中文图书35种，外文图书13种。另外还有北大学术演讲丛书14种，新潮出版社出版的新潮丛书6种。亚东发行的杂志，有《少年中国》《少年世界》等7种，代派的杂志有《新青年》《新潮》《北京大学月刊》《星期评论》《新生活》等41种。这还不是亚东代销、发行图书和杂志的全部[6]。这时的亚东图书馆已经成为一家经营反映新思想、新文化图书和杂志的出版机构，站在了时代进步思潮的潮头。新文化运动兴起后，汪孟邹更是在陈独秀、胡适等新文化运动旗手的指导下，出版了一大批体现新思想新文化的图书，在出版界创下了多项第一。如1920

年出版了中国第一部新诗集《尝试集》，出版第一部加新式标点并分段的古典白话小说《水浒》；1922 年出版中国第一部新诗年选集《新诗年选（1919）》；等等。此外，亚东还出版了《独秀文存》《胡适文存》《吴虞文录》等新文化运动中代表人物的文集；孙中山先生的《孙文学说》；出版中国共产党机关刊物《向导》杂志，以及蒋光慈的《少年漂泊者》《短裤党》等一大批左翼作家的图书，成为"文化战线'反围剿'的先行者之一"[7]。有论者将汪孟邹与胡适并称为中国新文化运动的两大"台柱"[8]，对汪或嫌过誉，但不能否认的是，汪孟邹思想上的进步性特别是在新文化运动前后他思想上对新文化新思想的接受、推崇乃至通过出版实践的传播，为亚东图书馆确立了基本的出版方向，即创新性、时代性、革命性，这成为使亚东由之前的惨淡经营进入空前繁荣的重要基础和保障。

二、利用乡缘、地缘关系，汇聚起一大批优秀作者

亚东图书馆规模很小，却拥有一支让同行艳羡的作者队伍。以亚东图书馆的代表性图书——16 部分段标点的古典白话小说为例，为其分段标点、作序和考证或提供编校上指导的著名学者和文化名人就有陈独秀、胡适、钱玄同、俞平伯、刘半农、徐志摩、孙楷第等，可谓阵容豪华，星光熠熠。汪孟邹深知优秀作者对于一家出版机构生存和发展的重要意义，他充分利用徽州人"亲帮亲，邻帮邻"的传统，以乡缘、地缘关系为纽带，以点带面，不遗余力地为亚东营建了一支优秀的作者团队。

亚东图书馆的员工大部分是汪孟邹的亲属和绩溪同乡，亚东作者队伍中最重要的两个人陈独秀和胡适也都是安徽人，胡适更与汪孟邹是绩溪同乡。利用陈独秀和胡适的关系，汪孟邹编织起一张网罗了众多知名学者和文化名人的人际关系网。据汪孟邹的口述，经陈独秀介给亚东绍的作者有高语罕、蒋光赤、李季、钱杏村（即钱杏邨，笔名阿莫）、郑超麟、彭述之、小濮、王凡西、洪灵菲等。经胡适介绍的作者有陆志韦、朱自清、陶孟和、孟寿椿、刘半农、钱玄同、赵诚之、张慰慈、刘文典、李秉之、吴虞、陆侃如、俞平伯、康白情、徐志摩、孙楷第、顾颉刚等。此外还有安徽人宗白华、陶行知等介绍的田汉、郭沫若、邢舜田、一叶、胡立民等[9]。正是这些优秀的作者，为

亚东源源不断地提供着优质的内容。

郑振铎说汪孟邹是"市廛之侠"[10]，他在作者队伍的维系和经营上确有侠士之风，重感情，对朋友仗义疏财、十分慷慨。对于亚东最重要的作者胡适和陈独秀，汪孟邹更是从各个方面给予他们照顾和关心。胡适1917年从美国回国后即开始深度介入亚东图书馆的出版事务，为亚东策划选题、介绍作者、推介稿件、指导编辑业务、做序跋考证等，成为亚东不挂名的总编辑。对于胡适的帮助，汪孟邹也是投桃报李，从各个方面给予胡适关照和优待。如在版税上，亚东的版税一般为10%或15%，而对胡适的图书则按初版15%，再版20%支付。另外，每月还送给胡适100元，作为他帮助亚东介绍、审查书稿的酬劳[11]。胡适为亚东图书所做的考证、序言等，汪孟邹也都单独付酬，每篇200元[12]。此外，在胡适来上海治病、胡适的侄子胡思聪生病住院时，汪孟邹都慷慨解囊予以帮助。对于胡适的学术研究工作和著作出版，亚东也是出人出力，鼎力协助。如1923年胡适给亚东编辑章希吕致信，请他代为抄录《绩溪县志》[13]；1939年4月，胡适的《藏晖室札记》出版，前后历时7年，在日记的整理工作中，亚东编辑章希吕、胡鉴初协助胡适做了大量工作[14]。汪孟邹与陈独秀的相识早于胡适，两人年纪相仿，关系更为亲密。陈独秀很早就投身革命，成为职业革命家，长期没有稳定的收入，汪孟邹对于陈独秀经济上的帮助和支持就更多。"从1903年相识至1942年陈独秀在四川谢世，汪孟邹都是陈独秀的'大施主'，创办杂志、出版著述、生活日用，汪皆是陈的有力支持者。"[15]陈独秀在出任北京大学文科学长之前，生活困窘，时常需要汪孟邹的接济。陈独秀的儿子陈延年、陈乔年每月的学费，也是汪孟邹资助的。1932年陈独秀再次被捕入狱后，汪孟邹更是从多方面给予陈独秀帮助，以至于1933年陈独秀对前来看望他的汪孟邹说，"我欠亚东的钱实在不少"，建议亚东重印《独秀文存》，以便用版税来作抵偿[16]。

汪孟邹在与亚东作者的交往中，将金钱上的得失看得很轻，将维持与优秀作者长期的合作关系看得很重，这种独到的得失观，为亚东网罗了一批一流的学者，保障了亚东图书的内容品质，使得亚东在同行中声誉卓著。

三、在选题策划、出版时机、呈现形态等方面有独到的见解

在汪原放所写的《回忆亚东图书馆》一书中，谈及亚东掌门人汪孟邹选题策划的文字不多，以致给人的印象是，汪孟邹在这方面是基本不过问的，也是没有什么个人见解的。但仔细梳理史料后我们发现，这样的认识是不全面的，汪孟邹作为一个经验丰富的出版家，对具体图书的选题策划是始终关注的，也有着自己独到的见解。

早在1916年，汪孟邹在给在美留学的胡适去信中，就谈到近年来小说甚为风行，他打算"除《甲寅》所登小说及预备而未登者，另刊行单行本，以期略得利益，借以维持社务"，请胡适帮助翻译和搜罗国外小说。他不仅看到了翻译国外小说的市场价值，还对其出版形态提出建议，"每种一万字以上即可刊成小册，无须过多也"[17]。

1924年1月18日，汪孟邹给胡适的信中，就胡适希望出版《水浒续集》的意见提出自己的看法，认为已经临近年关，"批发碍难，发去门市亦决无多，不但无益，而且有害。不得已只好明正出版，年内订就"[18]。可见对于图书的出版时机，汪孟邹有着独到见解。分段标点本《红楼梦》出版前，胡适一度担心滞销，汪孟邹认为不必担心，他说："凡出版书籍，必须同类的至少有三五种方可畅销，否则独木不能成林，一定不行。不但毫无滞碍，且相得而益彰。《儒林》一号出版，销路不减《水浒》，且带销《水浒》不少，是其确证。炼（汪孟邹自称）意《红楼》销场将来必较《水浒》《儒林》要加好。"[19]可见，"业此近二十年，略有些经验"[20]的汪孟邹深知图书形成系列、具有规模效应对于销售的重要。虽然在图书内容的评估和把握上，汪孟邹与胡适这样的学者无法相比，但在图书的出版时机、呈现形态、销售预判等方面，他具备学者们所不具备的市场经验。汪孟邹依靠市场磨炼出来的对于图书的认识和见解，与专家学者的意见配合起来，相得益彰，是亚东稳健经营和发展的重要支撑。

四、资金使用上精打细算，注重资金的快速回笼

亚东图书馆始终是一家"很小很穷的独资经营的书店"[21]，汪孟邹深知

精打细算、过"紧日子"对于亚东的重要性，并将其贯彻始终。在图书品种的选择上，汪孟邹十分谨慎，坚持少而精的出版策略。图书从出版到销售再到收回货款，周期长，风险大。特别是亚东所处的时代，社会动荡，战乱频仍，资金回收的风险和难度更大，因此汪孟邹特别重视资金的快速回笼和现金流的稳定。1920年，《水浒》《儒林外史》出版后，汪原放开始着手分段标点《红楼梦》。《红楼梦》部头更大，占压资本多，因此汪孟邹在图书出版前就开始仔细考虑如何能尽快回笼资金。1920年12月4日，他在给胡适的信中说："《红楼梦》有一千二百页之多……排板（版）费一项，亦非千元不可，甚为不易。现拟发售预约，收些现款，以资补救。"[22]同年12月14日，他给胡适去信，对胡适反对的《水浒》卖预约做出解释，并再次强调了《红楼梦》卖预约的必要性和重要性。信中说："（《红楼梦》）排版并纸板费已近一千元，纸张若涨，年后更卖不得，不得不办存若干，又须巨款。年关之过，甚属为难，是以预约出于不得不行，但事实上亦可以行也。"[23]汪孟邹深知出版行业占压资金大，回收周期长，所以一直谋划凭借预售等方式，提前收回部分现款，以保证现金流的持续和稳定。

1937年抗日战争全面爆发后，上海沦陷，百业萧条，亚东的经营陷入停滞，面临空前的困难。面对危局，汪孟邹采取了各种办法，苦苦支撑。如1937年4月，汪孟邹针对亚东资金匮乏经营困难的情况，提出"小本而多出"的策略，即出版品种多、篇幅小的图书，以期资金占压少而回笼快[24]。上海沦陷后，亚东一度转而经营文具，以维持生存[25]。1939年，鉴于上海生意难以开展，亚东在金华、广州、昆明等地设立了办事处，据汪原放在札记中记载，此举使亚东"营业日有起色，已能立足了""金华、昆明两个办事处成立以后，亚东已有起死回生之望"，并佩服汪孟邹的这一做法是"有识的成果"[26]。由此可见，汪孟邹在应对危局上还是很有头脑和办法的，体现出一个优秀出版家处理危急局面的能力。

综上，亚东图书馆能够在竞争激烈、时局动荡的上海出版业存续下来，闯过一次次难关，并抓住时代机遇，出版了一大批好书，在中国近代出版史上写下浓墨重彩的一笔，是很不容易的。这表明，亚东掌门人汪孟邹对于出版行业发展规律和其所处的社会时局是有深刻洞察和理解的，具备一个出色出版家的视野和格局；他所采取的各项经营措施，是适合亚东图书馆发展实际的,引领亚东走出了一条具有自身特色的生存和发展之路。尽管汪孟邹也出现过决策失误,经营策略中也存在一些问题,但整体上说,对其经营才能我们是应该给予肯定和公正评价的。

参考文献

[1] 胡成业.胡适与出版家汪孟邹[J].合肥教院学报,1999(1).

[2] 王凡西.记汪孟邹先生[J].世纪,2017(2).

[3] 章希吕日记.颜振吾编.胡适研究论丛[M].北京:生活·读书·新知三联书店,1989:264,267.

[4] 胡适日记全编:第四卷(1923—1927),转引自谢慧.胡适与上海亚东图书馆[J].北京大学研究生学志,2005(4).

[5] 汪原放.亚东图书馆与陈独秀[M].上海:学林出版社,2006:12.

[6] 王余光,吴永贵,阮阳.中国新图书出版业的文化贡献[M].武汉:武汉大学出版社,1998:122-131.

[7] 汪原放.亚东图书馆与陈独秀[M].上海:学林出版社,2006:249.

[8] 胡成业.胡适与出版家汪孟邹[J].合肥教院学报,1999(1).

[9] 汪原放.亚东图书馆与陈独秀[M].上海:学林出版社,2006:230.

[10] 王凡西.记汪孟邹先生[J].世纪,2017(2).

[11] 汪原放.亚东图书馆与陈独秀[M].上海:学林出版社,2006:69.

[12] 耿云志.胡适遗稿及秘藏书信:第27册[M].合肥:黄山书社,1994:419.

[13] 章希吕日记.颜振吾编.胡适研究论丛[M].北京:生活·读书·新知三联书店,1989:230.

[14] 汪原放.亚东图书馆与陈独秀[M].上海:学林出版社,2006:206.

[15] 散木.亚东图书馆:中国出版史上的"惊鸿一瞥"[N].中华读书报,2016-11-16(014).

[16] 汪原放.亚东图书馆与陈独秀[M].上海:学林出版社,2006:187-188.

[17] 耿云志.胡适遗稿及秘藏书信:第27册[M].合肥:黄山书社,1994:268-269.

[18] 耿云志.胡适遗稿及秘藏书信:第27册[M].合肥:黄山书社,1994:335-336.

[19] 耿云志.胡适遗稿及秘藏书信:第27册[M].合肥:黄山书社,1994:303-304.

[20] 耿云志.胡适遗稿及秘藏书信:第27册[M].合肥:黄山书社,1994:303.

[21] 汪原放.回忆亚东图书馆·王子野序[M].上海:学林出版社,1983.

[22] 耿云志.胡适遗稿及秘藏书信:第27册[M].合肥:黄山书社,1994:300-301.

[23] 耿云志. 胡适遗稿及秘藏书信：第27册 [M]. 合肥：黄山书社，1994：308-310.
[24] 汪无奇. 亚东六录 [M]. 合肥：黄山书社，2013：87-88.
[25] 汪无奇. 亚东六录 [M]. 合肥：黄山书社，2013：210.
[26] 汪原放. 亚东图书馆与陈独秀 [M]. 上海：学林出版社，2006：202-203.

浅析图书出版质量*

彭 芳**

【摘 要】 所谓不合格图书，就是指差错率超过 1/10 000 的图书。对于一部图书的差错认定，影响着一部图书的差错率，甚至直接决定这部图书是否合格。不同的计错标准，决定了一部图书的差错率高低，也决定了这部图书的"生死存亡"。当我们面对一部图书时，怎样才能做到让它的差错率降到最低，甚至出现零差错率呢？答案只有一个：责任心！

【关键词】 不合格图书；差错率；计错标准；责任心

作为在图书出版领域"深耕"十几年的"资深"图书编辑，我深知：图书质量既是图书出版的底线，更是出版社的生命线！为什么这样说呢？就像人穿衣服一样，哪里脏了一块，特别地触目惊心！如果一部图书，翻开后错句连篇，错字一大堆，这样的图书还能起到传播正能量的作用吗？如果任由这样的图书泛滥，出版社还有存在的价值吗？而宣传和传播社会正能量，不正是出版社的职责所在吗！所以，坚守出版底线，严抓出版质量，是出版人的本分所在。

一、什么是不合格图书？

根据 2004 年 12 月 9 日新闻出版总署第 4 次署务会通过的《图书质量管理规定》，图书质量包括内容质量、编校质量、设计质量、印制质量 4 项，分为合格、不合格 2 个等级。内容、编校、设计、印制 4 项均合格的

---

* 本文发表在《国际出版周报》，2022 年 1 月 3 日。
** 作者简介：现为首都经济贸易大学出版社编辑室主任、副编审。

图书，其质量属合格。内容、编校、设计、印制4项中有1项不合格的图书，其质量属不合格。具体量化的话，所谓不合格图书，就是指差错率超过1/10 000的图书。那么，怎样界定这1/10 000？例如，一部图书总共有30万字，差错数共有25，那么差错率就是0.83/10 000（25/300 000），小于1/10 000，即这部图书是在合格范围内的。一般来讲，质检字数为连续的10万字，这就是说，在这10万字的范围内，差错数不能超过10个。那么什么叫作差错数呢？所谓差错数，就是指按照《图书质量管理规定》和《图书编校质量差错率计算方法》的规定对于差错的累计统计数量。例如，出现知识性、逻辑性、语法性差错，每处计2个差错；出现一般性错字，每处计1个差错，同一错字反复出现，每面计1个差错，全书最多计4个差错；标点符号的一般错用，每处计0.1个差错。根据这样的计错方法来计算一部图书的累计差错数，再用累计差错数除以检查字数，就得出了一部图书的差错率。

一部图书，经过了三审三校一通读环节，可以说是层层把关了，依然会有错别字等问题，那么读者就会犯嘀咕：这样的图书怎么还会出版？又或者说怎么还会出现差错？我们说，即使出现了错别字，只要它的差错率在1/10 000以内，那么它就是一部合格的图书，是可以正常销售的。当然，对于错别字等问题，出版社会在图书重印或者修订的时候做出订正等处理。至于图书为什么会出现错别字等问题，这其中的原因非常复杂。通常一部图书从作者交稿到最终出版，要经过诸多环节，受诸多因素影响，甚至其中有的因素是不可控的。例如，明明责任编辑标注改了两个字，录排员却只改了一个字，又碰巧责任编辑没有核对出来，就产生了错字的问题。稿件改得越多，出差错的概率越大。

那么，出版者认定的差错和读者眼中的差错是一回事吗？答案是，既是又不是，要看具体情况。例如，错别字，在出版者看来是差错，在读者看来也有错，二者是一致的。但是，诸如数字断行、序号排在行末、标题文字未按词组断开之类的情况，在读者看来未必就有问题，而且也并不影响阅读，但在出版者看来，就是错误，要计差错的。

二、怎样认定图书的差错

对于一部图书的差错认定，影响着一部图书的差错率，甚至直接决定这部图书是否合格。举例来讲，当书中出现"西兰花"的表述时，是否要认定为一般性问题，计 1 个差错？读者可能要问了，这没毛病呀，怎么还错了？《现代汉语词典》（第 7 版）收录的词条为"西蓝花"，如果质检人以《现代汉语词典》（第 7 版）为参照依据，当计 1 个差错。但是，上海辞书出版社出版的《辞海》第六版（下）第 4225 页收录了"西兰花"的词条，如果以《辞海》第六版（下）为参照依据，那么就不应当认定为出错，即不应计差错数。又如，当一部计算机类的图书中将月份的范围表述成（1，32）时，应该怎样计算差错率呢？如果按照一般性错字计算，当计 1 个差错。但是，程序是需要反复运行的，如果还有两处也出现了，那光这一个问题，就计了 3 个差错，这显然是不合适的，有违公平和平衡原则。此处，应当按照"数值（量值）范围表述不当"的差错认定，每处计 0.1 个差错，同类差错全书最多计 3 处，也就是说，即使是程序运行了 10 遍，每遍运行都有这个范围不当问题，全书也只计 0.3 个差错。

综上所述，可以说，不同的计错标准，决定了一部图书的差错率高低，也决定了这部图书的"生死存亡"。有可能多计 1 个差错，图书就被判定为不合格了。根据《图书质量管理规定》，经检查属编校质量不合格的图书，差错率在 1/10 000 以上 5/10 000 以下的，出版单位必须自检查结果公布之日起 30 天内全部收回，改正重印后可以继续发行；差错率在 5/10 000 以上的，出版单位必须自检查结果公布之日起 30 天内全部收回。可见，出现了不合格图书，对出版社和社会来讲，都有可能意味着重大的损失。

综上，质检工作对质检人的要求很高，这就要求质检人抱着公平、公正以及负责任的态度，具备所检图书的专业知识，熟悉《图书质量管理规定》和《图书编校质量差错率计算方法》等有关出版的所有规范的文本，采用科学的差错认定标准，给出让人信服的理由，多方查找证据后做出最终评定，而不是凭主观臆断，草率做出图书合格与否的认定。

三、怎样降低图书的差错率？

不合格图书所产生的社会影响是非常大的，不仅会起到误导的作用，更有可能传播负能量，造成持续的负面影响。正因如此，当我们面对一部图书时，怎样才能做到让它的差错率降到最低，甚至出现零差错率呢？答案只有一个：责任心！

举例来讲，一部涉及各国经济和地理的稿件，在进行编辑加工的时候，要保证"万无一失"（当然很难做到），要做哪些工作呢？首先，要保证全书的国名、地名、矿藏名、植物名等信息准确无误。其次，要保证全书的数据准确无误。那么，全书会涉及哪些数据呢？我们说，这类图书涉及的数据是非常繁杂的，有人口数量、国家面积、森林覆盖率、货币兑换率、能源总量、进出口贸易量以及年均增长率、同比数据等等，稍微放松警惕就有可能造成数据不符的问题。这里，我们以年均增长率为例，来看看怎样根据给出的数据计算年均增长率。年均增长率的计算公式如下：

$$\sqrt[n]{\frac{B}{A}}-1$$

式中，B 为末期值；A 为初期值；n 为增长的年数。

例如，一国 2015 年的出口贸易量是 3 000 亿元，该国 2021 年的出口贸易量为 4 000 亿元。那么在年均增长率公式中，B 就是 4 000，A 就是 3 000，n 就是 6。将这些数值代入公式，可以算出该国的出口贸易量的年均增长率为 4.91%。

当书中涉及这类数据时，要求责任编辑会计算。又如，在编辑加工会计和财务类的稿件时，要保证借贷量平衡，对于三张财务报表（资产负债表、利润表、现金流量表）中出现的数据统计量全部要核对，以保证各个分量的和等于总量。另外，还要能够根据案例中给出数据的钩稽关系进行数据运算。当然，这要求责任编辑具备一定的会计和财务类专业知识。

又回到最初的问题——责任心，有着责任心的编辑，对于专有名称，是一定会逐一核对的；对于引文，是一定会查找出处的；对于数据，是一定会认真验算的。我所在出版社的年轻编辑都是十分认真负责的，有的甚至会对数据做两遍以上的核算，为了保证图书高质量出版，不厌其烦。相反，如果缺乏责任心，就会图省事，不查也不核，草草交差，这样印出来的图书一定经不起市场的检验。

四、结语

出版旨在传播知识、传递信息、传承文化，正因如此，图书责任编辑责任重大，可以说，具备较高编辑素养和较高内容素养的责任编辑是图书编辑的天花板。如前所述，图书质量包括内容质量、编校质量、设计质量、印制质量4项，因此，不断学习以提高自身的编辑业务水平，不断学习以全面提高自身的内容专业素养，向社会推送高质量的、具有较高参考价值的好图书，是每一名编辑当仁不让的责任所在。

一本书在增值的路上可以"走"多远

——以《决战金融街》为例谈图书 IP 增值[*]

王玉荣[**]

【摘　要】一本书除了靠传统销量创造效益外，还能通过跨界的 IP 运作创造多少价值？小说《决战金融街》图书的出版和同名广播剧的运作、播出与获奖给了我们一定的启发。基于本书的运作过程，笔者总结出对图书进行 IP 开发的经验，概括为"四力（利）"，希望对图书尝试多维价值开发的出版社编辑有所帮助。

【关键词】决战金融街；IP；图书跨界；增值；编辑四力（利）；资源整合

一、引言

2018 年，伴随着机构改革，划归各级宣传部管理的出版社都不同程度地经历了力度极强的书号调控。书号调控一改过去书号使用几乎不受限制、出版品种年年增长的局面，推动出版行业进入书号紧缩、"提质增效"的新赛道。对于图书出版而言，从供给侧看，在每年上市超过 20 万种的新书中，重复出版、低质低效问题日益严重；从需求侧看，除出版业内竞争外，图书出版行业整体面临着互联网内容产品越来越激烈的竞争。在"内外交困"的压力下，各出版社无法继续通过扩大品种规模来谋求生存发展，只能在减品增效上守正出奇。近些年，传统图书销售成绩平平，并不乐观，但是图书跨界运作即 IP 开发却出现了不少新亮点，引发了读者新的兴趣点，拓宽了出版社的利润增长空间。有的出版社改编图书制作高

---

[*] 本文发表在《当代经理人》2019 年 4 月总第 264 期（季刊）。
[**] 作者简介：首都经济贸易大学出版社编辑室主任，副编审。

票房电影，有的根据图书改编舞台剧，有的根据图书制作付费课程，有的根据图书开发游戏，有的根据图书开发动画片，有的根据图书组织论坛、策划会展，有的根据图书开发主题公园，有的围绕图书组织出国旅游，有的根据图书开发视频课程，甚至还有根据图书研发出玩具新材料而获得专利的。这些图书无论是从经济效益还是从社会效益来看，都取得了比单纯纸制图书销售更可观的成绩。这些突破业界形态、让人眼前一亮的创新操作引起了人们的关注，也引发了业界的思考：一本书除了靠传统销量创造效益外，还能通过跨界的IP运作创造多少价值？在价值增值的路上，一本书究竟能"走"多远？机缘巧合，笔者经历了一次图书IP开发，实实在在地感受到图书跨界所带来的增值效益，因而在此探讨出版社如何通过IP开发，能让一本书在增值的路上"走"得更远。

二、《决战金融街》的出版及其IP运作

首都经济贸易大学出版社于2018年9月出版了一部长篇小说《决战金融街》，作为本书的策划编辑和责任编辑，笔者在出版社领导和同事的支持与帮助下，尝试了这部小说初步的IP开发。

（一）小说的策划出版情况

出版《决战金融街》可以说纯属偶然。笔者在自己的微信朋友圈看到有人转发作者的投资培训文章，出于寻找选题的职业习惯就关注了作者的公众号，发现其中有一个名为《决战金融街》的电视连续剧众筹宣传很吸引人。笔者联系作者，阅读了此剧小说底稿的梗概、目录和样章，感觉故事内容很精彩，题材又是难得的由专业人士写的金融热门题材，所以认为该小说有一定的出版价值，于是就向作者发出了出版邀约。作者感受到出版社对其作品的欣赏和出版诚意，并考虑到相通的财经背景，便与出版社一拍即合，签订了这部小说的出版合同。小说作者是在证券投资行业工作近十年的研究总监，结合自身多年从业经验和阅历见闻创作了这部现实题材的长篇小说。小说中的故事从2008年股市的剧烈震荡开始讲起，当时市场笼罩于一片黑暗与绝望中，名校毕业的才女东方雨，逆行于风雨飘摇

之境，毅然投身于当时名声扫地的金融行业。应聘进入鸿信证券后，邂逅了家世背景神秘却淡泊名利的谢在渊、出身草根却渴求逆袭的罗啸、上市公司南工精机富二代公子南风骤，以及与南风骤从小青梅竹马同属富二代的财经女记者柳慕青。在资本洪流与实业风云中，因缘际会，五个年轻人的情感与命运交织在了一起。小说立足于改革开放后波澜壮阔的社会经济变革大背景，试图勾勒出中国快速发展的实体经济和资本市场的群像，尤其从这几个年轻人的事业发展、感情纠葛与命运遭际中，剥茧抽丝般描绘出最近十几年来经济转型与资本市场变迁的画卷，折射出改革开放 40 多年来的经济发展脉络。小说中的主要人物及故事均脱胎于中国资本市场中的真实事件，不仅生动反映了中国经济发展的跌宕起伏，也传递出作者的冷静思考和热忱期待，让我们看到了大国崛起那偶有蹒跚却无可阻挡的坚定步伐。编辑加工完整本小说之后，笔者仿佛看见了金融街上的刀光剑影和百态众生，体会到民营家族企业的困境与艰辛，洞察出顶级投资高手的专业与良知，领略了媒体人的责任和勇气。在小说中，改革开放大潮中的各色人等登场后，人性的贪婪、资本的威力、永恒的正义在背叛、阴谋、救赎、重生一览无遗。作者没有浸淫金融投资行业多年，不具备深入观察、思考和积累的能力，是断然写不出这样内容丰富、情节曲折、洞悉人性甚至颇具金融专业科普性质的作品的。对比市场上的同类小说，本书无论从思想导向还是从故事情节、矛盾冲突、文字叙述、语言对话来说，都堪称出类拔萃，可以说达到了"为时代画像"的要求。

(二) 广播版权的成功运作

在本书定稿准备交付印厂之际，笔者突然有些"恋恋不舍"，觉得这样一部费尽作者心力的好作品不应该仅仅止步于图书出版，似乎还应该再"走"得远一些。又是一次机缘巧合，在出版社社长的帮助下，出版社和中国有声阅读委员会秘书长建立了联系，商议开发本书的广播形态产品。秘书长了解了书稿的大致内容后，便和出版社初步达成广播版权购买意向。在此期间，笔者和作者通过友好协商签订了广播版权的独家代理协议，明确了双方的权力、责任，并约定双方按比例共享本书此番 IP 运作的新收益。广播版权商议的后期，笔者抱着近 800 页的书稿清样，和社长来到了北京人民广播电台，洽谈稿件具体改编安排。从最初接触到最后签订广播版权交易合同，耗时近3个月时间，《决战金融街》的广播权，最终郑重交给北京人民广播电台。这期间，双方合同条款的协商、与作者的沟通、宣传文案的撰写等大小细节，对于笔者所在的出版社和新成立的中国有声读物委员会来说，都是全新的尝试，大家都在摸着石头过河。各方都本着尽可能开发好这个IP的出发点来合作，所以时间虽长，但过程顺利。2018年9月下旬书稿下印厂后，广播剧也进入录播准备阶段。随着图书印制完成，2018年国庆节，在北京人民广播电台改革开放40周年专题纪实文学频道，同名有声小说开始连播。与此同时，出版社在官方微信公众号上进行了新书宣传暨赠书活动，短短几天阅读量便超过6000人次，这对于出版社来说是以前没有过的热度。凭借纪实文学连播的宣传效应，图书上市后销售量在社里一直名列前茅，有些朋友留言想先睹为快，有些朋友表示想先听为快，更有广播剧的热心听众专程跑到出版社来购书。在获得广播版权交易收益的同时，图书也因广播剧的反哺而提高了销量。同时，有些读者也开始收听广播剧，体会声音传达出的与文字不一样的感受。这充分说明广播节目和图书产生了一定的联动效应。让笔者备受鼓舞的是，2019年10月，中华人民共和国成立70周年之际，由本书改编的同名长篇广播剧获得了中国有声阅读委员会组织评选的"中国有声——70年70部优秀有声阅读文学作品"奖，得到了政府相关部门的肯定。有别于过去一本书出版后基本要先经过市场热销后才会进行IP开发的做法，《决战金融街》则是在小说上市之前就已经凭借其内容的优势主动出击寻找IP运作机会，这给了出版社一个新的发展思路——市场是检验出来的，但或许也能主动出击创造出来。

(三) 影视版权的开发

小说出版前作者原本就是希望拍电视剧的，但由于多种原因至今未能如愿。考虑到小说广播版权运作的成功及小说影视改编的优势，加之当下现实题材的行业剧越来越受关注，出版社又和作者补充签订了包括小说影视版权在内的全版权代理协议，希望尽可能帮这本书"走"得更远些。在出版社和作者的共同努力下，小说影视产品的开发正在积极推进中。

三、出版社对图书 IP 的深度开发经验

这次图书 IP 开发尝试引发了笔者的很多思考：这本书的 IP 开发是否只能被看成一个偶然发生的独立的小概率事件？能否在其中找到规律或方法，应用于其他图书呢？对目前在业内业外都处于竞争劣势的一些出版社而言，其图书销售瓶颈短期内很难突破，那么在销售码洋不能快速增长、销售规模不易扩大的情况下，选择一些现有图书进行 IP 开发从而获得外围收益是否也是一种思路呢？在实际中，有许多成功并且亮眼的图书 IP 运作项目，只是这些运作往往都是由实力很强的大型出版社或出版公司牵头实施的。这些图书 IP 运作项目的特点是高投入带来高收入。那么，对实力不强的一般出版社而言，在无法高投入的约束条件下，是否也能在媒介大融合、文化大繁荣的趋势下，围绕图书这唯一的产品创造出不唯一的收益呢？基于《决战金融街》这个还在进行中的图书 IP 开发项目，笔者总结出以下对图书进行 IP 开发的经验，简称"四力（利）"，希望对尝试图书 IP 开发的出版社编辑有所帮助。

（一）眼力

这一点是说选择书稿的判断力，也就是眼力。对书稿或选题的判断与把握是编辑非常重要的专业能力，在判断选题或书稿内容时，也要有对其内容是否有 IP 开发价值以及价值高低的预估能力。这一点对一般出版社的编辑而言尤为重要，因为开发价值特别明显或者大牌作者的书稿要价是非常高的，版税往往是一般出版社难以接受的，所以常常需要编辑在新作者的新作品中沙里淘金，这就需要编辑平常多研究优秀作品和成功 IP 项目的特点，多总结规律，有意识地锻炼并提高自己的眼力，这样发现好作品的机会才能大大增加。

（二）权利

这一点是说知识产权的确权。搞 IP 开发，知识产权是保障合作各方利益的必要条件，也恰恰是图书能依靠 IP 开发获得额外收益的重要保证。

出版社如果看好一本书的IP开发价值，在最初签订出版合同时，就要和作者商量好包括出版权在内的其他著作权的转让或代理等条款以及合作期限。如果最开始没有考虑到图书的IP开发，在一段时间的市场检验后发现了其中的IP价值，也可以在出版合同基础上补签其他相关著作权使用协议。出版社一定要本着互利互惠的原则，和作者在长期友好合作的前提下商谈这一核心利益问题。另外，还要根据市场通行规则与IP合作第三方签订使用协议。作为重要的中间环节，对一般出版社而言，责、权、利划分遵循"有理、有利、有节"即可。这一问题处理不好有可能导致后续产生很多困难，甚至影响项目成败。

（三）想象力

对于文化产业而言，可以说想象力就是生产力。图书的IP开发有一定的模式可以借鉴，但并不是本本相同，也并非固定不变，当然也并不是任何一本图书都适合进行IP开发。作为项目牵头者，编辑既要实事求是地根据图书特点来提取IP开发点，也需要发挥想象力，运用跨界思维，从看似普通的图书中挖掘其潜在的IP价值点。尤其是对于"捉襟见肘"的出版社而言，编辑的想象力简直就是投入产出比最高的资源。小说类图书常常可以开发成广播、影视等故事类产品，专业类图书常常可以开发成知识付费等学习类产品，文化类图书常常可以开发成音频等艺术赏析产品。这些只是常规的模式，除此之外，随着外部条件的成熟与合作途径的增加以及文化创新意识的增强，图书与各种活动都能建立联系，也相应能形成更多合作方式。以《决战金融街》为例，根据作者的从业背景和工作经历，也可以考虑开发金融投资科普类知识付费产品，或者职场新人情景体验型培训产品。与物质产品的一次性消耗不同，内容产品具有几乎无限的加工和再加工可能。在如今社会资源和资金非常充足的大环境下，出版社的编辑只要有想象力，有足够优秀的创意，就不难进行图书IP开发。

（四）整合力

整合力是指对出版行业内外的人力、资金、物力的资源整合能力。这是实现图书IP运作非常重要的综合能力，也是决定一本书最终能"走"

多远的最重要的因素。基于一本图书的 IP 运作往往有高投入、高产出的特点，仅靠一般出版社自身几乎是完不成的，必须要借助外部力量和多方资源才能实现，对编辑而言，行业内外的资源整合能力就格外重要。作为编辑，尤其是策划编辑，应当经常走出去，积极拓展各界人脉关系，有意识地积累各种资源，这样才能在做图书 IP 运营时，调动各方积极性，促成项目合作完成，并实现各参与方的共赢。这对编辑要求比较高，因此编辑需要不断地学习、揣摩和自我提高。编辑要多与同行和其他行业的专家交流，多向业界高手学习。编辑要积极参加各种行业研讨会拓展人脉。日积月累，随着见识、经验和人脉的增加，编辑自身的资源整合能力一定会不断提高。

四、结语

在互联网迭代更新越来越快的大背景下，世界迎来了跨界融合大发展时代。一本书"走"得远，其文化影响力也能随之"走"得远。尤其对于一般出版社而言，对合适的图书进行 IP 开发，让一本书"走"得更远，不仅关乎出版社的经济效益，也会影响其社会效益。出版社的编辑如能在这方面早做准备，早下功夫，就应当能为图书事业的发展另辟蹊径。

出版企业信息管理方法及功能的探讨[*]

朱志平[**]

【摘 要】网络的发展为出版企业管理现代化提供了可能,在信息化时代,出版企业必须更新管理模式,整合出版资源,建设以网络化为支撑的图书出版的经营管理方式,提高出版企业管理水平。

【关键词】信息化;出版企业;ERP

21世纪对中国出版业来说是个全新的时代,传统出版业向现代化的转变已处在十字路口。随着中国加入世界贸易组织(WPO)的临近和数字化、信息化时代的挑战,出版业必须做出敏捷、积极的反应,应用电子信息处理技术,实现办公自动化、出版业务与出版流程管理计算机化、经营决策科学化。这个任务对于出版社来说是艰巨的。

现代出版活动表明,出版业的不断发展,一刻也离不开高新技术的支持和推动。面对国际和国内信息化建设的强劲走势,出版业应清醒地意识到,必须加快信息化建设的步伐,加大数字化、网络化的力度,才能实现出版业生产力的跨越式发展。加强内部管理,改善办公方式,提高科学管理水平,是提升现代企业竞争力的重要途径。当前,出版企业管理中普遍存在着粗放经营,不计成本,不讲核算,运作不规范等薄弱环节。这些问题的根源就在于:①编、印、发等图书生产环节缺乏动态监控,数据缺乏实时性和一致性。②对市场信息反应滞后和片面,严重影响选题的客观性和科学性。③出书周期长,难以适应瞬息万变的图书市场。④相关信息的存储和检索手段落后,制约着信息的利用。⑤各种

---

[*] 本文发表在《科技与出版》,2001年第6期。
[**] 作者简介:原首都经济贸易大学出版社直属支部书记、副社长。

数据和信息可分析性差。⑥对内对外交流困难，特别表现在发行和版权贸易方面。因此，必须建立出版社社内局域网络系统及远程通信系统。其内容包括：社长总编办公系统、编务系统、出版管理系统、发行管理系统、编辑加工系统、财务管理系统、办公室及人事管理系统、远程通信系统（如下图所示）。

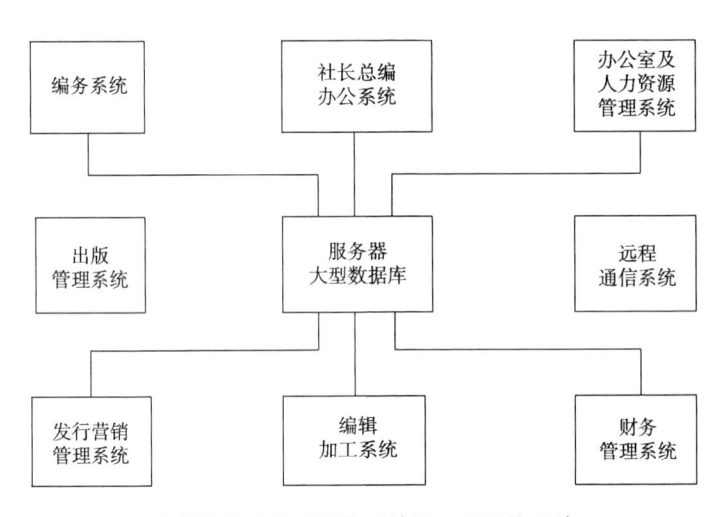

出版社社内局域网络系统及远程通信系统

一、信息管理系统的建立

要把计算机应用于出版社的管理，只购进计算机、成套外部设备及有关硬件是不够的，只有根据出版企业的规模和性质等具体情况，设计并建立自己的网络应用系统才能实现。设计应用系统，不是对原有工作流程的简单模拟，而是要找出原有各个工作流程的重复之处，在设计应用系统时，让每一类信息在网络中充分共享，达到提高劳动生产率的目的。例如，出版新书的有关信息在社长审批选题时就产生了，那么，编辑、印刷、发行、财务等部门就没有必要再次录入，而只需调用编务信息即可。同时要注意，设计的网络工作流程并不是原系统的低水平重复，而要去掉原有管理中不规范的环节，向管理要效益，要把被动的管理变为动态的管理，及时为社领导提供决策依据。出版全过程的计算机管理是一个人造的系统，需要运用系统工程的观点，利用系统分析的方法，按照出版企业管理的客观规律去开发研究。因此，我们在构建自己的信息系统时，一定要结合自己的实际情况，不贪大，不求开发速度，要一步一个脚印地走，主要考虑实用性。另外，出版企业要想实现出版全过程的计算机管理，首先应成立以主要社领导挂帅的领导小组，并由专人负责。出版社的计算机管理是一个大的系统工程，只有主要社领导参与、决策和落实，才能保证项目的顺利进展。其次，要进行系统的总体规划，确立建网目标，做好建网前的充分调研，出版社要结合自己的远期目标、信息系统的主要结构及信息产业的发展趋势做好可行性研究。然后，就是软件项目的开发过程。出版社要选择有技术实力、可信度高的软件开发商，把项目交给他们去做。软件的开发过程一般由四个阶段组成，即系统分析、系统设计、系统实施和系统评价。

二、互联网站的建立

对于出版社来说，首先应该建好自己社内的局域网，并且逐步完成向Intranet（企业网）的过渡，申请自己的域名，建立万维网网站，展示和宣传自己的图书产品，在万维网上获取信息和发布信息，并为建立网上书店准备信息源。

网站功能应具有以下几个方面的内容。

一是企业形象宣传和图书宣传。网站具有超越时间空间限制、成本低廉的特点，对于版权贸易的开展和图书的销售，有着很重要的作用。

二是稿源拓展。这包括两个方面：一是由出版社自行策划的选题，可以在网站中发布征稿启事；二是作者通过网站自由的投稿。两者都需要出版社网站本身有较高的知名度和点击率。另外，在通过网站自由来稿或洽谈选题意向方面，网上交流具有明显效果。

三是网上销售。这是指出版社将可供图书数据库放在网上，提供分类目录和检索功能，供客户查询；客户通过网站填写订单订购，支付方式则可以是传统的方式或网上支付；最后出版社以传统的方式发货。因此，网上销售将会成为不容忽视的图书发行渠道。

四是网上出版。这是指将图书的内容本身以电子文本的形式存贮于网站中，读者通过某种约定形式购买，从网站下载阅读。

五是远程办公。将网站与出版企业内部的局域网对接，安装相应的软件，便可以通过网站实现远程办公。这样无论你身在何处，只要有一部可以接入因特网的计算机，就可以实现对内部局域网的操作，包括交稿、审稿、编辑、签署意见、提交报告等，处理所有在内部网所能够处理的事务。

三、切实做好应用工作

网络应用是网络建设的根本目的。应用是信息化建设的核心内容，是信息化建设的出发点和落脚点。我们要把提高出版队伍的科学技术水平，实现信息资源共享，发挥信息资源在出版社的管理效益、社会效益和经济效益作为信息工作的根本要求。要把建设和应用有机结合起来，使建设和应用相互促进，建设为应用创造条件，应用为建设提供动力。

一是从工作要求上抓好网络的应用。要通过管理制度和工作要求将日常工作和有关业务逐步转移到计算机工作环境上来，通过提高计算机使用和信息处理的能力，逐步改进和转变传统的工作方式和管理模式，提高工作质量和效率。

二是抓好应用前的技术培训工作。出版企业信息化建设的实质是用现代化信息技术武装自己。专业队伍的科学技术素养的高低和适应高科技工作环境能力的强弱，与信息化建设的成功与否密切相关。为了适应新型的工作环境，要切实抓好培训工作，培养一支熟悉业务、懂技术、善管理的干部队伍。

三是建立健全有关规章制度。计算机网络是一种新型的工作模式和工作环境，有许多新的规范需要遵守，有许多新的制度需要建立。因此，要加强对国家有关计算机技术应用法规的学习，切实加强网络环境下的出版社内部管理信息的保密等工作。要根据有关政策法规的要求，结合本单位工作实际，制定使用规范和操作规程，确保网络运行的高效、规范、安全。

以数字化技术为主要特征的现代科学技术，是20世纪送给21世纪最重要、最珍贵的礼物之一，只有持有这份礼物的人，才真正拥有通向21世纪的通行证。在出版业日益成为高科技应用领域的今天，我们一定要抓住机遇，创造知识经济和信息时代中国出版业新的辉煌。

我与作者篇

一本书和它承载的一段友谊[*]

乔 剑[**]

今早,被手机的铃声惊醒,勉强睁开眼睛,屏幕很刺眼,内容更是令我震惊:"炳禧于2016年12月4日在北京海军总医院去世,十分安详。感谢您的爱,让他更幸福。"

发信人是甄炳禧先生的夫人。

这个消息太令人震惊了。两周前,我和甄炳禧先生还在为他新近出版的《从大衰退到新增长——金融危机后美国经济发展轨迹》参评"中国出版政府奖"的事通话。他还高兴地告诉我,自己的书能得到王一鸣、王缉思两位声望那么高的学者的评价,感到特别高兴。

整个上午,我的心都是沉沉的,完全沉浸在与甄炳禧先生交往的16年的回忆中。

甄炳禧先生是中国知名的研究美国经济问题的专家。记得我们最初相识还是上个世纪末。当时我才做编辑不久,因为一个偶然的机会,承担了中国国际问题研究所的一个重大课题的出版任务。据主编杨成绪所长讲,这个项目一直是在时任国务院副总理钱其琛同志的关心下进行的。我作为一个编辑队伍的新兵,当然不敢有半点马虎。特别是付印前的那段时间,我常常带着在审读过程中攒下的一大摞问题泡在台基厂头条3号院,逐一找各位作者请教、核对。记得,与甄炳禧先生相识就是在那段时间。与其他章节作者的"权威范儿"不同,撰写"美国经济"一章的甄炳禧,则是一脸的朝气和谦逊。

而令我始料不及的是,在完成了上述出版任务后仅仅半年多的时间,

---

[*] 本文发表在《北京晚报》,2016年12月9日。
[**] 作者简介:首都经济贸易大学出版编辑、编审。

一部记录和研究美国新经济的书稿大纲，在一个午后突然出现在我的邮箱里。我看到稿件上标注的作者是：中国国际问题研究所副所长、研究员甄炳禧。签到这部作品的约稿合同，总编非常兴奋。这本书若是能在2001年新年前出版，则将成为我国最早研究美国新经济的专著。我深知时间对于这部著作的重要性，于是就和甄炳禧先生商量能否将他的写稿与我们的审稿结合在一起进行，他欣然同意。而日后的情形是，这位整日被报社和电视台约稿、约访的专家，出稿的速度丝毫不亚于我们编辑审稿的速度。有一次，我在与他核稿的过程中劝他不要那么辛苦："天那么热，怎么受得了？"他笑眯眯地对我说："没事，我家附近有家麦当劳，那里面有空调。"后来，当我在《美国新经济》序言中看到时任中共中央外事办公室主任刘华秋对甄炳禧先生的高度评价时，想到"麦当劳"一说，真是感慨不已。

2003年，我去华盛顿探亲，恰逢甄炳禧先生就任中国驻美大使馆公使衔参赞。在异国的土地上重逢，大家都感到格外亲近。他和夫人非常热情地招待我，为我引荐世界银行的官员。之后，知道我想让女儿留学，还给我介绍了很多美国中学、大学的教育状况，并在席间教会我怎样用叉子完整地取出坚硬壳子里的龙虾肉。

之后的十年间，我仍然编我的书，不时看到报纸上会出现甄炳禧先生对美国经济的评述。我虽然知道他那里一定有我需要的"货"，但出书的辛苦和薄利使我不忍再向这位朋友约稿。因此，我们之间也就没有了因为著书而产生的交集，只是在新年、会间或接到他以他和夫人的名义从华盛顿寄来的贺卡。

2014年7月，也就是从华盛顿一别11年后，一个傍晚，我意外地接到甄炳禧先生的来信，说是他刚刚回国，并带来了一部研究金融危机后美国经济发展轨迹的稿件，且已经大体完成，问我愿不愿意出版。在征求了出版社选题会的意见后，我们马上签订了出版合同，并立即进入了这部书稿的审读环节。

虽然《从大衰退到新增长》这本书是一本研究美国经济发展的学术书，但透过其评述美国历任总统所进行的经济调控措施，读者却能明显地体会到其政治制度在美国政府经济运行机制中所起的作用。这种将经济现象与政治制度与文化理念相互交织在一起的写法，在我所阅读过的经济学专著中是很少见的。这一点，无疑与甄炳禧先生在美国十几年的亲身经历不无关联。本书出版后，周文重大使曾用"功力深厚"评价甄炳禧先生对美国经济的研究。

对甄炳禧先生只专注于一个领域研究的这份执着，我既敬佩又好奇。通常的学者，特别是像甄炳禧先生这样的官员型的学者，会随着国家经济战略的调整变换自己的研究领域或是微调方向，而他却雷打不动地守在美国经济这一方小天地里坚持了近30年。我总希望有机会找到他为什么会如此"固执"的理由。在一次和他夫人的聚会当中我才知道，他对这个领域如此深的耕耘仅仅是因为"兴趣"，纯粹得不能再纯粹了。夫人说，这样"不识时务"的痴心真是打着灯笼都难找。了解他的同事讲，为了研究美国经济，他不知失去了多少"机会"。由此我才意识到，摆在我眼前的这两本沉甸甸的书——《美国新经济》《从大衰退到新增长》，原来是浸透了甄炳禧先生近30年生命的倾心之作！两部专著出版以后，我曾问他："是不是可以将这两本书合起来整理一下，从美国现代经济史的角度再出版一遍？也不麻烦，事半功倍。"其实我骨子里是想让他再多得些稿费。"还是不要这样。"从他匆忙否定我想法的一瞬间，我真切地感到了一个痴迷于自己研究领域的学者对自己脚下每一寸土地的珍惜。

《从大衰退到新增长》在2015年5月出版。拿到样书的当天下午，我就致电他："甄公参，书印出来了，感觉很棒！"与我的预想不同，电话的另一边并没有愉快的回应，后来才知道，那天，正是他被查出罹患癌症的日子。而让我更没想到的是，在之后的一年半的时间中，他竟然坚强地站了起来，继续着工作，继续着他钟爱的研究，直到生命的最后一刻。

昨日逢君开旧卷*

乔 剑

【编者按】 欧阳清教授在会计教学和科研领域已耕耘了 50 多个春秋。细细算来，我们出版社与欧阳教授相识已有二十余年。欧阳清教授在我社出版的精品案例教材《成本会计学》被纳入教育部"十一五"国家规划教材。记得欧阳清教授在 90 岁高龄时仍然不忘关心这部书的修订，他严谨的治学态度，让我们的编辑在与先生的交往中深受感动。

亲爱的欧阳清教授，您这一走，让我们出版社痛失的不仅是一位优秀的作者，令我们更加痛心的是，我们同时还失去了一位挚友！从此，我们再听不到您在节日打来的电话；说好疫情后的重逢也成了永远的遗憾！幸运的是，我们还珍藏着您的这本《成本会计学》，它将永远成为咱们友谊的见证，我们会永远因为拥有您的作品而倍感荣耀！

本文记录了我们出版社的编辑与欧阳清教授的一段真挚的友谊。现收入文集，以示永久的纪念。

---

* 本文发表在《新民晚报》，2018 年 8 月 1 日。

上午，正被春日的阳光照得犯困，忽听得屋外有人叫门，隔窗看去，是我熟悉的那个邮递员。和往日不同，这次他递给我的并不是报社汇来的稿费，只是一个薄薄的、发自上海的平信。一边关门，我一边猜，会是谁呢？如今相熟的朋友不都是用电子邮件往来吗？

用剪子剪开信封之前，我端详了上面的字，蓝黑墨水，称呼上还加了同志，心中已有了八九分的数。果然，是欧阳清教授。

信封里并无信纸，仅仅有一页三天前的《新民晚报》。我马上把电话拨到了上海："欧阳教授，感谢啊，我正愁怎么跟报社说寄一份样报来呢！"电话的另一头是欧阳教授熟悉的声音："我在新民上看到了你的文章，想必你在北京难得买到上海的报纸，让报社邮寄，又会给人家添麻烦，所以就到邮局为你寄了份报。"听了这番话，我不知说些什么才能平静我的心。我仿佛看到这样的一幕——一张折叠得平平整整的《新民晚报》被小心地装入信封，找到一位并不经常往来的编辑的地址也并非一件很容易的事情，再用钢笔工整地抄录下那些信息。对了，还有邮票，虽然不需要太多的钱，但这得跑趟邮局才成，一位83岁高龄的老人步行到了邮局，认真地用胶水封上信封，贴牢邮票，然后把成品投进邮筒。我计算过，即使邮局近在咫尺，这全部的动作至少也需要耗时大约一个钟头。我实在想不出，我于欧阳教授那里是如何修到这样的情谊的。

和欧阳教授相识已有十年，当时是因为邀请他撰写一本书而有了来往。编辑和作者之间的来往很多也仅限于电话，和欧阳教授也不例外。直到2010年为了带女儿逛世博会，去了趟上海，闲暇之余，突发奇想，何不去拜会一下欧阳教授？

欧阳教授已是耄耋之年。生怕十二岁的女儿顽皮，出租车上，我特地叮嘱一番："欧阳爷爷可是很有名的教授，与李岚清爷爷是同窗，可不敢随性讲话的。"想必是女儿听进了我的话，席间乖巧异常，居然把平日忌食的土豆沙拉吃得一干二净，搞得欧阳夫人以为她爱吃沙拉，一见她吃完，马上就添上一碟。临行前，他们还特地要女儿把自己创作的一首小诗写在一个记事本上留作纪念。

告辞时我请两位老人在家门留步，可欧阳老师却执意相送，下了楼，还一定要我和女儿乘公交车。我会意他怕我打车破费，便听了他的话，乖乘上车。因为是起点站，车并没有马上启动，他探进半个身子和我们道别，之后才转身离开，刚走了大约五步远，只见他从兜里掏出了几枚硬币。看到他要把那些硬币给我，我赶忙掏出钱包回应，让他放心。这个情景使我联想到了我的姥爷。自此，每到上海，欧阳老师的家便成了我必到的地方。

今冬，碰巧和女儿同行上海，拜访欧阳教授夫妇无疑会被列进日程。一落座，招待我们的不仅是欧阳夫人准备的丰盛茶点，还有那个记事本，当我惊奇地接过本子时，页码已经被欧阳教授翻到了女儿当年写下小诗的那一页。此时的我，脑袋里只有一句话：原来人心就是这么被收买的呀！遇到这样的作者，做编辑常讲的那句"为他人作嫁衣裳"的委屈话，恐怕是再难说出口了。

难忘的人　难忘的事

薛　捷*

与萨缪尔森先生的三次通信

12月14日，听到先生13日仙逝的消息，心情非常难过，一代经济学巨匠，曾经改写过经济学理论史的通才停止了他一生勤奋追求的脚步，终于可以安心的休息了。为了出版"诺贝尔经济学奖获奖者学术精品自选集"，我有幸代表出版社与先生有过书信往来，从中我深深感受到先生不仅学问大，其人格魅力亦让人叹服。我希望将这几次通信记录下来，权且作为对先生的纪念。

1997年年底，当出版"诺贝尔经济学奖获奖者学术精品自选集"的工程刚刚启动时，我与我的同事每天到办公室后的第一件事，就是查看是否有来自世界各地的传真件。那些日子，读信成了一种享受，因为每一封信不仅意味着你离追求的目标又接近了一步，而且你能够在其中品味出获奖者严肃的治学精神，谦和的为人品质。

1998年1月，我收到了萨缪尔森的第一封信，他在信中首先对我社拟出版的《诺贝尔经济学奖获奖者学术精品自选集》表示了极大的热情，建议将他的《萨缪尔森样本》和《心灵深处经济学》合编在一起收入丛书中，并为中文版取名为《中间道路经济学》。英文版的两本书是他在20世纪六七十年代，前后15年里为 *Newsweek* 所写的专栏文章。他认为，这本书如能在中国出版，一定会引起读者的反响，因为它代表着"发自心中的

---

* 作者简介：原首都经济贸易大学出版社编辑，副编审。

经济学",并说明了混合经济学的优势——试图在自由竞争与政府干预之间建起一座金桥;他并允诺将为中文版亲自作序。

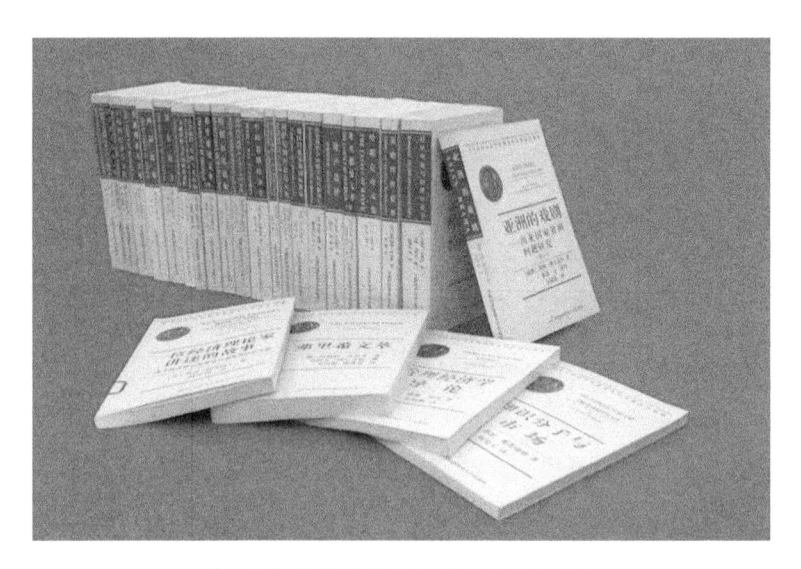

诺贝尔经济学奖获奖者学术精品自选集

几天后,我收到先生寄来的两本样书,打开后有一种说不出的感动,不仅是为他的热情,更为这两本书的内容。一位世界级的经济学巨匠,除去数十万言的恢宏巨制,热衷于社会问题的短文杂篇,每篇短文又无不体现着先生深厚的经济学功底和敏锐的思辨能力。尽管我们对每篇文章的背景不甚了解,但读起来并不感到乏味。这种治学的精神,难道不值得中国学者学习吗?

1999年,我社邀请萨缪尔森先生为我社出版的"中国当代中青年经济学家文库"写一篇贺词,我实在找不到什么能够让先生接受这一请求的理由,硬着头皮给他写了信。但没过几天,先生便回信答应了。不久,一篇热情洋溢的贺词寄到了我社。在贺词中,他对中国学者寄予了厚望,先生写道:"我可以肯定地预见,在下个世纪不久的将来,西方国家将翻译出版类似于本套丛书的中国的作品,这也算是我们为中国新一代学者的成长所做出的一种补偿和贡献。"这是当代经济学掌门人的大胸怀,读后真让人肃然起敬,感慨万千。

2000年，为感谢先生对我们的热情帮助，我社拟请他到中国讲学做客，并参加"诺贝尔经济学奖获奖者学术精品自选集"的首发活动，但这次先生拒绝了，理由非常简单："由于我年事已高，我要用全部的时间跟踪现代经济学的发展。"一位古稀老人，尚有如此的追求，实在让人敬佩。这让我想起先生在一篇生动幽默的短文——《萨缪尔森自画像》中说的一句话："他所想象的荣誉都一一光顾了他，而且到得很早。"但每个人都知道，在这"幸运"的背后，是先生那无止境的追求、探索与勤奋的精神；是他倾其毕生精力为建造经济学殿堂的努力。

先生去已，吾辈仍须为经济学的发展而努力。

邓先生，一路走好

昨天（2013年1月24日），不断接到朋友的电话，告诉我邓正来先生去世的消息，一来是大家对这位中国当代著名学者仙逝的遗憾，二来是他们都知道我也算是先生未入门的弟子。

1999年，我为出版"诺贝尔经济学奖获奖者学术精品自选集"中哈耶克的著作与邓正来先生有过一次合作的经历。由于这套丛书入选的原则是"自选"，对于那些去世的获奖人的著作由谁来选，就成了问题。当时的做法是，如果获奖者生前为某一目的选过或推荐过自己的作品就集成册视为作者的"自选"，如《莫迪利亚尼文萃》就是采用这一方法编撰的。但哈耶克论述颇丰，涉猎极广，他生前的选集很难代表他一生的学术成就，但有谁能从他等身的著述中选出一个代表他一生学术思想的精华本呢？为解决这一难题，我们决定请哈耶克的家人来帮助完成此事。

我通过奥地利驻华使馆文化处的帮助找到了哈耶克孩子的联系方式并写了信。不久他回信说："很遗憾，我没有能力完成你希望我做的工作，但我知道中国有位学者能够担此大任，他的名字叫邓正来。"这是我第一次听到先生的名字。

当时，互联网远不像现在这样发达，作为"圈外人"，要找到一个"学者个体户"不是件容易事。好在我们的工作被学界认可，不久我便找到了邓先生的电话。坦白地讲，第一次与他联系我多少有些不安：他是否好说话？会答应我的请求吗？如果以什么理由拒绝，我该怎么应对？事实证明，我的担心都是多余的。

电话拨通后，一个极富磁性的声音传来，话虽干脆，但却让人有亲切之感。我讲明意思后，我们的距离便拉近了。先生爱学术，将传播学术思想视为己任。他肯定了我们的工作，爽快地答应第二天在五洲大酒店大堂见面细谈。因为我们从未谋面，我担心地问他："我们没见过面，我怎么找您呢？"他说："容易，我的装束一见就能认出来。"

次日下午，我如约到了五洲大酒店大堂，刚进大门略一环顾，发现不远处有一人身穿一袭中式长褂长裤，脚蹬平底布鞋，头发剃得像刚长出来的一样，背着手站在那里。我想，一定是他，因为来此处者大多西服革履，唯此人装束别样。我急走几步，上前问道："是邓先生吗？"先生回了三个字："邓正来。"

那天的见面给我留下了深刻的印象，先生是性情中人，是做真学问的大家。他学识丰厚，对问题的认识深刻独到，言语间不时透出一股知识分子难见的侠气与霸气，让我感到这才是真英雄。

《邓正来选译哈耶克论文集》（全三册）

这之后，为出版《哈耶克论文集》，我们有过多次接触，其间，他请我到家里做客小酌，并和他的夫人、女儿聚过餐。出版过程中，他亲自到出版社改稿，不厌其烦地向责任编辑解释我们的疑问。特别令人感动的是，他对每一处问题，都要引经据典，用他广博的知识讲清"为什么要这么译"，"哈耶克要说明一种什么思想"等，和他一起改稿，无疑就是在上课，在感受他的思想，体悟他对哈耶克思想的深刻洞见。每一次我都会在思想上有载而归。

天妒英才。正当这个社会最需要思想的时候，病魔却剥夺了这位学界圣贤思想的权利。我们为此而惋惜，而不平。但虽然先生已不能思想，他留下的思想却已成为思想域的财富，后人一定会用自己的思想思想他的思想，并发扬光大。

先生，一路走好！

未曾谋面的师长

好莱坞大片《美丽心灵》在荣获金球奖的多个奖项后，近期又获得八项奥斯卡奖的提名。一部描写当代著名数学家、经济学家的影片，能获得如此多的殊荣，除去制片者独具匠心的艺术功力外，人们对主人公纳什坎坷的人生经历、超凡的人格魅力的钦佩，或许也是重要原因之一吧。

对中国人来说，知道纳什其名的人很少，与他有过接触的人恐怕更少了。有幸的是，我却是这少数人中的一个。1997年，我所在的出版社（首都经济贸易大学出版社）决定出版"诺贝尔经济学奖获奖者学术精品自选集"，我被确定为项目负责人。这套丛书采用由获奖者自定书目的方式确定其收入其中的图书。为此，我在1998年初给纳什教授写了第一封信，希望他能够将他在1996年出版的、代表其主要学术成就的著作——《博弈论论文集》的中译本专有出版权授予我社。坦白地说，我是怀着惴惴不安的心情写信给他的：除了对他身心状况的担心外，更多的担心是这位世界级的大腕学者能理会我的要求吗？十几天后，我的"担心"有了结果，我收到了纳什教授热情洋溢的回信。更使我感动的是，与其他获奖者不同的是，他的信是手写的。在计算机已经普及的今天，能够见到一位大师的亲笔回信，怎能不让人感动呢。显然，他认为这件事是极有意义的。

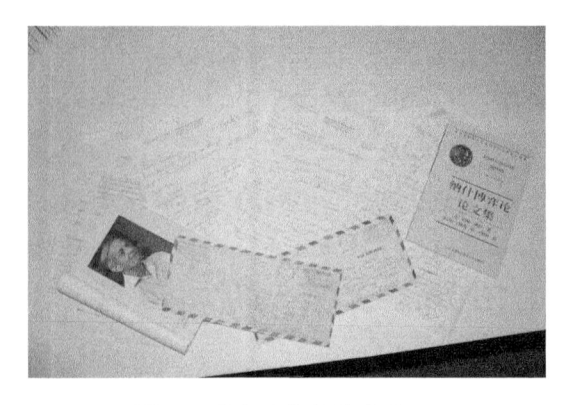

约翰·纳什给出版社的亲笔回信

他在信中说，博弈论对中国是非常有价值的，因此《博弈论论文集》如能在中国出版，他非常高兴，他欣然允诺按我提出的条件将中译本专有出版权授予我社，并特别嘱咐我，要与本书英文版序言的作者肯·宾默尔教授联系，获得他为英文版所写的序言的出版权。没过几天，我又接到了他的一封信，告诉我他已与宾默尔教授联系，宾默尔教授允许我社无偿地使用他的序言。短短的两个月，这本书的版权问题即告解决，如果没有纳什教授的支持和帮助，这恐怕是难以想象的。

《纳什博弈论论文集》

在我国著名经济学家王则柯教授的帮助下，中译本《纳什博弈论论文集》于2000年11月顺利出版。书前附有纳什教授的一帧照片，这是纳什教授特意为中国读者挑选的。照片上的老人清瘦、含笑，显现出其慈祥、质朴、平易近人的风范；深邃的目光放射出智慧的光芒和对科学执着追求的精神；那深深的皱纹烙印着他坎坷的人生经历，每一个看到这帧照片的人都会对他肃然起敬，它激励着我们奋起、努力，踏着大师的足迹，步入科学的殿堂。

与张晓山老师交往二三事

田玉春

出版社成立 30 周年之际,大家都在回顾自己编辑生涯中的点点过往,回想我这些年的编辑经历,与张晓山老师交往时的情景一幕幕浮现眼前。

张晓山教授

那是 2009 年,当时提高农民收入成为全社会关注的热点话题,现实生活实践中各地农民专业合作社也发展迅速,在理论研究领域,迫切需要从思想上破除人们对"合作经济"的错误认识和实践误区,因为上学时在人民大学有机会当面聆听过张老师关于农业与农村问题的一些讲座,我自然萌生了约张老师写作一本关于农民合作社图书的想法。

做编辑工作久了,知道领导们都是事务繁忙的,打电话碰壁的情况屡见不鲜,而那时张老师正在中国社会科学院农村发展研究所担任所长职务,因此电话怯怯地打过去,那头传来洪亮的"喂"的声音,未曾想非常顺利，张老师约我见面细谈。一周后我忐忑坐在张老师办公室里，秘书将我的来意通知，从门后转出一位身材高大、声音爽朗、目光发亮的声影，待我结结巴巴说明来意后，张老师先是问及人民大学诸位老师的近况，谈起老师们和专业的话题，这顿时让我轻松不少，话题自然也就顺畅了许多。那天我和张老师整整谈了一个多小时，临走时，张老师还鼓励我多为中国的"三农"问题出版些有价值有分量的作品。之后的事情就顺理成章了，约稿、审稿、与张老师就书稿中的某些说法反复修改、就封面设计再三斟酌等等，前后大约有1年多时间吧，一本泛着墨香的作品终于问世了。

书出来当天我就给张老师送去了，那天是下午，在张老师办公室里，落日余晖晒在他的侧脸上，显得非常温暖。也是在那天，张老师鼓励我许多，谈及了农业经济领域内许多专家学者的故事、他自己的插队经历以及这段经历对他后来从事研究的帮助，鼓励我作为一名"新北京人"，要兼顾工作和家庭等等。那天的张老师，像老师，又像朋友，说了很多让人心暖的话，让我从心底里非常感谢。

随着个人的策划重心逐渐向其他专业领域涉足，和老师的联系逐渐少了许多，节假日的电话问候、短信致意也越来越少，再后来，因为自己实在是没有什么好的精品可以向张老师汇报，更不敢和张老师联系了。直到去年的某一天，在一个私人的场合遇到张老师，他和蔼地问及我家里的情况，关心我孩子的成长，真真让我领略了老师的记忆力，也非常汗颜自己再没有什么好作品可以回报老师的关切。

聊以自慰的是，《合作经济理论与中国农民合作社的实践》一书出版后获得了一系列荣誉，该书是国家"十一五"重点图书，并获评中国大学出版社第二届优秀学术著作一等奖，在专业领域内影响至今。可以说，农民与市场对接有许多种方式，国家应该鼓励农民开展多类型的合作和联合。农民可以选择合作社这种形式，也可以选择其他形式。但至少在当下，具有较强经济实力、组织体系健全的中国农民合作社是解决"三农"问题的一项重要政策。实践中，农民合作社也在农村地区广泛发展起来，未来合作社的发育程度与我国市场经济的成熟程度密切相关，只有全国性统一开放的大市场建立起来，农业生产专业化、区域化的布局得以形成，农业生产的比较优势得到较好发挥,农民的专业合作社才有可能在较高层次上得到长足的发展。

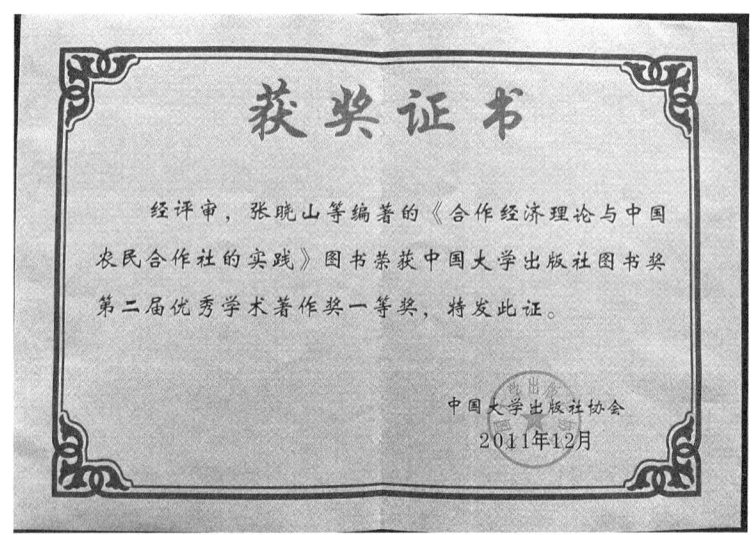

《合作经济理论与中国农民合作社的实践》一书及获奖证书

做彼此成长的见证者

潘秋华

2002 年，我有幸加入首都经济贸易大学出版社，那年正好是出版社成立 15 周年。在出版社的第二个 15 年里，我们经历了太多的变化，在应对变化中，我们不断成长。我印象最深的是"教学方法创新系列教材·沙盘模拟实训教材"的开发以及与作者共同成长的经历。

沙盘模拟实训系列教材

一、初次合作

早在我来出版社工作之前，出版社就曾推出过《电子商务基础》一书，该书的年销售册数一度突破 1 万册，成为我社教材的经典案例。一个基于新兴专业的教材可以取得这么好的市场反响足以体现当时出版社在应对专业变化时的反应速度和能力。这本教材几乎畅销了 10 年，在这期间，出版社开始进行更全面的电子商务专业建设，我也一直对该领域有所关注。

　　因为工作的原因，我会出差到全国各地的客户和学校那里了解市场情况。我发现很多院校在电子商务专业的建设中纷纷加入实训课程——"电子商务综合实训"，而这门课正好没在我社电子商务专业建设的目录里面。于是，在那年的选题会上，我申报了这个选题并成功通过。接下来，我收集研读了与电子商务实训教学相关的研究文章，期望能寻找有理论功底、又致力于研究实践教学的年轻教师的信息，我相信从文字中我就能知道他是否真的热爱他的工作，是否对电子商务实践教学有激情、有想法。最终我选定了嘉兴学院的蒋定福老师，当时蒋老师一边教书一边在上海大学读博。在教学中，蒋老师自编了一套教材，但尚未出版。我的邀请来得正是时候，他立即把自己使用的自编教材中的一部分发送给我做参考。蒋老师的自编教材内容新颖、体例清晰。经过审核，出版社与蒋定福老师签订了出版合同，2011年9月，蒋老师提交了《电子商务综合实训》一书的初稿。2012年3月该书如期出版，首印3 000册，蒋老师所在的嘉兴学院当年就订购了557册。5年中，这本教材加印5次，三峡学院、深圳大学、巢湖学院等多所大中专院校选中此书作为学生教材。

二、系列教材的开发

　　2014年初，我与蒋老师联系，希望他能及时修订这本教材。没想到的是，蒋老师的脚步走得比我想象得更快、更远。他向我提出出版"沙盘模拟实训系列教材"的设想，同时把当时已经有的实验教材的相关资料发了过来，并向我解释道：该系列包括《ERP沙盘模拟实训教程》《客户关系管理沙盘模拟教程》《企业管理决策沙盘模拟教程》《人力资源管理沙盘模拟实训教程》《市场营销沙盘模拟教程》等相关实训教程。这套系列教材均为当前比较流行的高校沙盘实训课程的配套教材，而当前市场上除了《ERP沙盘模拟实训教程》外，其他均没有相对应的配套教材。《ERP沙盘模拟实训教程》在当前全国高校沙盘模拟教学中使用量较大，嘉兴学院每年就有1 000册左右的使用量，此外其他高校的使用量也较大。其他系列沙盘模拟教程随着沙盘教学软件产品在全国高校销售量的增加，使用量也会有较大幅度的增长。其中，人力资源沙盘模拟产品去年（2012年）在全国至少有50所高校在用，每个高校算100册的使用量，也能达到5 000册的用量，教学软件产品的销售量越多，教材使用量也会越大。目前跟教材配套使用的软件产品通过用友新道科技有限公司、南京奥派科技有限公司、河南新世纪拓普电子科技有限公司、成都蓉达英汇科技发展有限公司等一系列的公司在全国高校推广。

在这个过程中，我发现蒋老师的身份不仅仅是嘉兴学院信息管理与信息系统专业的教师，同时也是嘉兴学院经管国家级示范中心大学生创新创业中心主任。此外，2012年初蒋老师注册成立了嘉兴精创教育科技有限公司（在本文中也简称"精创公司"），而公司的主营业务正是教育软件、仿真模拟软件、应用软件、模拟沙盘的研发、生产、销售及服务。跟目前这套实训教材相配套的软件，正是他们公司研发的。我研读了蒋老师发给我的相关资料，并与蒋老师进行了多轮沟通，蒋老师对事业的激情、专业的功底、诚恳的态度最终说服了我，我决心与蒋老师一起合作推进该项目的落地。

三、拓展和成长

"沙盘模拟实训系列教材"的选题报到选题会后获得了通过，社领导非常重视和支持，一次性签署了整个系列教材的出版合同，表达了我社与作者长期合作的意愿，这对后期维护作者和客户起到了很大的帮助。在合作的过程中，我越来越体会到作者就是我们最大的客户，作者所在的学校就是教材最忠实的用户。拿《ERP沙盘模拟实训教程》这本教材来说，蒋老师所在的嘉兴学院每年的使用量都在800~1 000册，2016年甚至达到了1 382册，这在很大程度上降低了出版社的经营风险。

除了普通的出版合作外，我们还与作者形成更为广泛的良性互动。蒋老师偶尔会开玩笑对我说：潘老师有机会帮我们公司宣传宣传啊。但没想到，我们还真有机会帮助到蒋老师。2013年底，福州外语外贸学院图书馆到我社采购图书。当时来的老师中，除了图书馆的老师，还有学院主管财务的吴处长。在不经意的聊天中，我得知该校要建设实训课程，财务部门正准备购买沙盘教学软件供教学使用。于是，我向他们推荐了嘉兴精创教育科技有限公司。第二天，双方就在电话里达成了合作意向。不到一周的时间，福州外语外贸学院与嘉兴精创教育科技有限公司签订了购买协议。蒋老师在各大高校推荐其公司的软件产品的同时也一定会推荐我们双方合作的这套"沙盘模拟实训系列教材"。《市场营销沙盘模拟教程》这本教材被牡丹江师范学院、安徽中医药大学选作市场营销专业教材，这两个学校选用这本教材，得益于精创公司在软件推广的同时，向它们推荐了配套教材。在彼此合作成长的道路上，我们又往前迈了一步。

2015年4月，第四届中国大学出版社图书奖开始申报，出版社报送了蒋定福老师主编的"沙盘模拟实训系列教材"。同年9月，该套教材获得第四届中国大学出版社优秀教材二等奖。

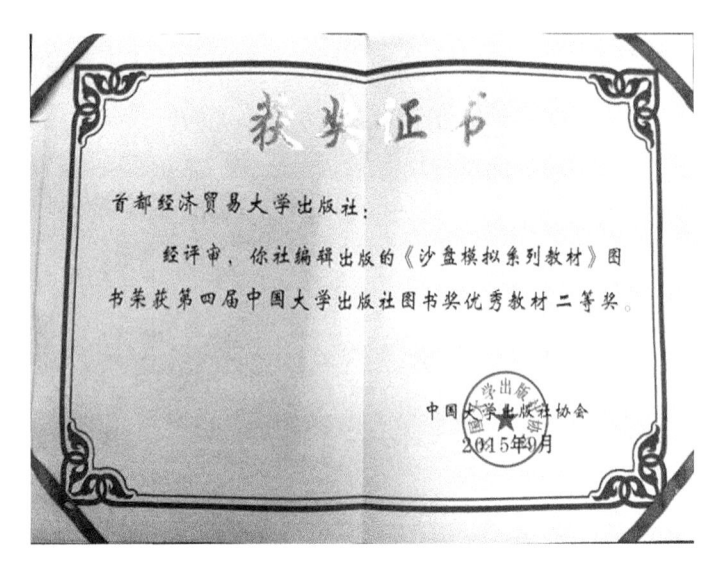

"沙盘模拟实训系列教材"获奖证书

四、共赢发展

2017年8月，嘉兴精创教育科技有限公司组织的第一届全国人力资源管理实践教学研讨会在嘉兴举行。蒋老师更是很早就给出版社发来了邀请函，希望出版社派专人参加会议，一起推广"沙盘模拟实训系列教材"中的《人力资源管理沙盘模拟实训教程》。出版社同时也可以对人力资源管理专业的发展状况进行充分的了解和分析，这对出版社以后进行专业教材的开发相当有利。这次会议非常成功，全国100多所院校人力资源专业的教师参加了会议，我代表出版社参加了此次会议。第一天上午，精创公司聘请专家进行了专业发展的展望，下午，公司对各个老师进行了沙盘软件实操的培训。我不仅带去了蒋老师主编的《人力资源管理沙盘模拟实训教程》以及"沙盘模拟实训系列教材"中的其他几本教材，还带去了出版社已经出版的与人力资源相关的教材和实务类的各类教材，如《人力资源招聘·培训·考核》《人力资源管理》等。其中，边文霞老师主编的《招聘管理与人才选拔：实务、案例、游戏（第二版）》《岗位分析与岗位评价：实务·案例·游戏》等人力资源管理实务类图书受到了参会老师的高度好评。

也是在这次会议上，我发现老师们对于申请样书有很大的需求，于是我们在后期的微信公众服务号上开通了相应的功能，我们期望给老师带来一个更好的沟通和服务的体验。我们也相信我们发出去的样书给我们带来的不仅仅是教材本身销售数量的上升，更是在孵化很多未来的作者和客户。

我们出版社和蒋定福老师及其创办的嘉兴精创教育科技有限公司的故事是我们与作者、客户共同成长的典型案例，类似的故事一直在不断发生，这些正是我们未来持续发展的动力。

书评篇

做财富小管家，不做败家小怪物

彭 芳

《财富小管家，还是败家小怪物？》2019年6月由首都经济贸易大学出版社重磅推出。该书是作者桑妮在教育孩子和培养孩子过程中的经验总结。

"迫不及待地翻译这样的一本书，把它推荐给我的姐姐、我的好朋友、我的同事、我的客户以及我认识的每一个做母亲的人，因为这本书不仅仅有助于培养儿童财商，也是培养孩子自尊、自信、自律、感恩的操作指南。"

这是译者王丽华女士翻译这本书的初衷。

该书自推向市场以来，取得了良好的市场反响。有的读者认为它是"一本很好的培育孩子财商的书"，有的读者认为它"很少讲大道理，都是作者的经验总结"，有的读者甚至直接"把书里的内务计划用在儿子身上，效果很好"……让更多的人受益，让更多的孩子掌握正确的理财观念，让更多的父母愉快地"解脱"，正是这本书的精华所在！

作者桑妮为双胞胎儿子杰森和马修制订了有递进关系的一系列计划，培养孩子养成理财习惯，让孩子学会赚钱、存钱并管理钱。让她惊喜的是，她制订的计划神奇地发生了"化学变化"——两个儿子在学习基本的理财知识和技能的同时，有了更多的收获！他们变得越来越能替别人着想，知道用自己"挣"来的钱给家人买礼物；他们也学会了自律，自律到能够抵抗玩具的巨大诱惑——这是多么珍贵的品格！培养孩子财商的理念，以及让孩子自觉养成良好的学习习惯的举措，触动了无数焦虑的父

---

* 本文发表在《天津日报》，2021年1月11日。

桑妮的书得到"心灵鸡汤系列丛书"创始人杰克·坎菲尔德的极力推荐

母，戳中了他们的"内心"。

　　学者艾瑞克·麦凯恩说，从孩子出生之日起，父母就应该为他/她的未来做规划。对此，桑妮在"前言"中已经做了说明。她说："如果一个人想过安全、舒适的生活，金钱是必不可少的……孩子很小的时候，父母就可以开始培养孩子理财的意识和能力……"因此，从儿子两岁起，桑妮就开始对他们进行财富教育。为此，她发明了一套奖励系统，就是本书所说的有递进关系的计划。如果儿子态度积极，任务完成出色，就能按照计划的约定，得到相应的奖励。结果呢，她的双胞胎儿子"乖乖地"配合妈妈完成了全部计划。通过认真执行计划，两个儿子11岁的时候就已经有了自己的储蓄账户、投资账户和大学基金账户。换言之，他们比同龄人更早地拥有了支配金钱的权利，这无疑让他们比别人更"硬气"！能够支配钱和只是一味花钱而不挣钱真的是两种境界。杰森和马修让父母欣慰地成长为"财富小管家"，而没有沦为让父母痛恨的"败家小怪物"。他们更是学会了自律，能够控制自己花钱的欲望，做到了节约；在很多方面，比如读书，他们都能够严格要求自己。他们知道了"规则"的厉害之处，懂得不遵守"规则"，没有做到"规则"要求的事情，就不能获得报酬……

　　为了将两个孩子培养成财富小管家，桑妮制订了一系列有着递进关系的计划，它们分别是"存钱罐计划""清晨内务奖励计划""特殊奖励计划""神奇阅读计划""卓越之旅计划"。所有的计划都有详细的操作步骤，切实可行。在桑妮制订的所有计划中，我最喜欢的就是"清晨内务奖励计划"和"神奇阅读计划"。

"清晨内务奖励计划"的实施，让桑妮和她的老公汤姆斯变成了世界上最省心的父母，他们甚至每天都是被两个儿子叫起床的。杰森和马修按照计划的时间和内容要求，紧锣密鼓、有条不紊地起床、洗漱、吃早餐，然后去上学。整个过程不需要家长焦躁地催促，更不需要家长练习"河东狮吼"。这是多少家长梦寐以求的事情！

我也很喜欢"神奇阅读计划"。在执行这个计划的过程中，两个孩子每周都会写3篇读书报告，到他们上小学三年级的时候，每个人已经完成了200多篇读书报告！老师看了他们的读书报告后，给了他们阅读课满分，他们甚至可以不用上阅读课了！最关键的是，孩子们已经养成了自觉读书，自觉写读书报告的好习惯！

在配合妈妈执行计划，同时也为自己"挣钱"的过程中，杰森和马修发生了很大的变化。对此，桑妮在书中写道："自从开始赚钱，他们俩对钱的态度就变了。有钱之后，两个孩子不是想要更多钱，而是开始想到别人，想与别人分享。"我们总以为孩子还小，不应该碰钱，这其实是不对的，这种看法远远低估了孩子的理解力和承受力。皮格马利翁效应告诉我们，对一个人传递积极的期望，就会使他进步得更快，发展得更好；反之，向一个人传递消极的期望，则会使他自暴自弃，放弃努力。所以，不要觉得孩子还小，就不施以正确的教育观念，更不应该放弃正当的教育。

每个家庭的情况不同，培养孩子的财商，照本宣科是不现实的。也许我们很难按图索骥，像桑妮一样执行这些计划。然而，哪怕只是从她的书中受到一点点启发，哪怕只是执行了其中某一个计划，也远比什么都不做强多了。为了让孩子在将来拥有更多选择的权利,需要为人父母的多付出一点心血和努力,而不是不负责任地把孩子推到"散养"的境地。

"我们每天重复做的事,决定了我们成为怎样的人。"对此,我深表赞同。

我们需要诗意的生活

——读王亚《一些闲时：诗词里的茶酒音画》

孟岩岭

认识王亚很偶然，源自一次微博互动。但其实早该认识她。2012年社里出版了《今生最爱李清照》，作者正是王亚。不过，此书是"最·婉约"系列中的一种，由另外一位作者统一组稿，用的都是笔名，所以知其文而不识其人。

如今读这本《一些闲时》，让我又认识了一次王亚。没看书稿前，以为和上本一样，要将婉约风进行到底。看完书稿却发现，这是次完全意料之外的阅读体验。书中有烟雨江南的温婉清丽，但时时处处，更透出潇湘女子的爽利率直、俏皮和泼辣。文风的多变和内容的丰富，让我印象深刻。

《一些闲时：诗词里的茶酒音画》

但有一样没变，我觉得王亚一直生活在诗里。唐诗宋词和古典艺术是她的后花园，尘世的喧嚣忙碌过后，她总能轻巧转身，推门而入，竹下焚香、梅边吹笛，与古人为师为友，斗茶品酒，论画鸣琴。世界再变，生活也可以诗意，从王亚这儿，我信了。

泉水烹茶、灞桥折柳，这等活脱脱古人的风雅事，王亚都做了，不刻意，不敷衍，认认真真，自自然然。《活水活火好烹茶》里就有这么一段：

某年春天，得了些好茶，朋友从六安寄来的明前瓜片。自己在家里美美享用了好些天之后，开始巴巴地琢磨着请三五好友来尝，算一试新茶。……家乡的城边有座山，常年飞瀑流泉，水好。于是，一个人拿了好几个空饮料瓶，一壁儿看山一壁儿取水。水背回家后，本欲召集人，临时被唤去做另一件事，竟全然忘了。两天后，仍旧招人喝山泉水茶。烧了水泡了茶，茶一置口，就觉得水不滑软，上好的六安瓜片味道全然不醇了，赶紧打住，朋友还讶异。

……山泉水被我背回来后，一直在密闭的饮料瓶里无法呼吸，而且窒息了好几天，活生生封闭成死水，自然坏了。

这次体验完全失败，全没有了古人活水烹茶的风致，读来让人忍俊。可谁又能说，这个溪岩边取水的飘飘女子不是活在诗里画里？我甚至都猜想着那天她该穿着怎样的衣服才更有古风和美感。这种诗样的生活，心性使然，求不来，学不会，乃是古典艺术的气韵风流带给她的。

王亚这本书，讲的是茶酒音画，常引经据典，旁征博引，但谈古论今间时常荡开笔墨，插入对童年往事和家乡亲人的怀念。书中提到父母师长、朋友兄弟，但提的最多的是祖父，一个"一袭长衫，素净儒雅"的老人。

儿时习字，祖父在教我认识"六"这个汉字时，告诉我有一个地方叫六安，六安的"六"字和我们当地的方言一样读"陆"，而且，六安茶是十大名茶之一，又随口念出李东阳这句"七碗清风自六安"，告诉我李东阳的茶陵诗派。……他说李东阳和茶陵诗派时的神情犹在眼前，手里端的茶缸里却只是普通绿茶。他大概终生未曾喝过六安茶吧？……那年清明，我用棉纸包了一小包六安瓜片埋在了祖父的坟前（《茶慰相思》）

这段关于祖父的记述，饱含深情，看得人泪光盈盈。好文章都有真性情，情真才能动人，为文写诗，都靠这点。一个人善不善于写文章，其实比的不是遣词造句，铺陈排比，而是能否发乎真情，留诸笔端。写得感人，得先感动自己。我相信，王亚写这部书的时候，一定多次感动了自己。

　　书读完，掩卷自问，为什么我们要读诗？我们需要怎样的生活？这个忙乱喧闹的世界，还有没有一个角落能够留给这些美丽的诗词？我想，诗词给予我们的，不仅仅是审美体验，更是一种生活态度。豪放的太白，洒脱的子瞻，深情的纳兰，冲淡的皎然，他们的诗句之所以动人心魄，就在于那每一个文字，都源自肺腑，都是真心的流露。这是种高级的文学修养，更是种高级的人生态度。尘世喧嚣，温暖也好，薄凉也罢，当哭哭，当笑笑，抛却所有的矫饰和羁绊，活得目光澄澈，心如赤子，这样的日子，难道不是诗意的吗？

　　天高云淡，秋意初生，北京这几天难得的好天气。此时，心情畅悦，寂静欢喜，我知道，这是从王亚的书中读出来的。

人生恬淡常清景,莫负光阴勤作词

——读卫军英《栖溪风月》

孟岩岭

初读卫军英先生的诗词集《栖溪风月》,颇感惊讶,现代人能把旧体诗词写这么好,确实不易;继而一口气读完,掩卷品玩,仍觉烟霞满纸,墨有余香。

现代人多写不好旧体诗词,倒不全是因为古典文化的修养根基不够,更为紧要的,恐怕还是今天的生活和环境已与古时候完全不同。古代的文人士大夫,虽也有十年寒窗、宦海浮沉,虽也不是餐霞食露、不近人间烟火,但大体上说,那时的生活是娴雅的、慢节奏的,举目可见田畴桑梓,侧耳听得琴韵箫鸣。总之,那是个更具诗意的年代。如今尘世喧嚣,车水马龙、熙来攘往中,多少人的脚步都难以停下,更不要说给心灵找个停泊之地了。"心态决定一切",没有了古人的性情和心境,自然也就难以写出古人诗词的气象和风韵。

现世的田园没有了,即或有,也大都盆景化,孤独地存在于城市的高楼大厦之间,但心中的田园却可以长存。甚至可以说,它比现实中的田园更重要,这是高尚灵魂的最后守护地,是澄澈心灵的最后港湾。保留住心灵田园的人,才能写出真切朴质、自然生动的诗篇。无疑,卫军英先生是这样的人。

卫先生在书中说,朋友戏称他为"卫夫子",我想大概是朋友们折服于先生的博学,所以才以"夫子"称之。但我以为,如果将儒与道看作中国传统士大夫精神世界的两极的话,就精神气质而言,卫先生是稍远于儒而更近于道的,他身上有古代隐者的风范,算得上活在当下,思接千古,有道心道性,所以才写得出这些风致高逸的辞章。

《栖溪风月》共收录诗词290首,其中词129篇,诗161篇,所用词牌多样，短有小令，长有三叠的长调；诗则有五言、七言、律诗、绝句、古风，所有这些体式，卫先生全都能信手拈来，游刃有余，技巧的高妙不得不让人钦佩。看文前题记得知，先生早年就读于杭州大学中文系，研究生时专治诗词，所以才会有如此深厚的学养和专业的水准。

《栖溪风月》

卫先生的这些诗词，大多为个人游历、友朋唱和之作，所歌所绘主要是杭州西溪、西湖的山色湖光、春花秋月，正如本书书名所言，多是风月雅事。先生词风清雅，山花池月、雪梅湖柳，落笔皆成画卷，灵秀生动之处，不输古人。而怀友思人的作品，情思的细腻婉转，如纤纤素手调动古琴，悠扬如丝，沁入人心。来看这首《凤凰台上忆吹箫·寄赠》：

风冷溪桥，月涵秋影，夜凉谁向云栖？想伊人归去，路远人稀。微倦浮尘浊雾，常日暮、修竹独敧。清辉下、疏梅翠黛，玉骨冰肌。

依依。此番过后，偏若忆惊鸿，梦里啼嘘。且宛然心事，秋草凄凄。连晓角梅香韵，留意处、明艳凄迷。还相似、凭阑浅嗔，笑靥轻怡。

词写梅，也写人，那一缕幽思，到底是寄托于梅，还是寄送于人？那个"玉骨冰肌""笑靥轻怡"的伊人又是谁？诗词中的意象，自不必确指，但那幽婉缠绵的情思，足以撩动人心。

不过，这样若有寄托、婉约绮丽的词在卫先生的诗词中所占不多，他的大部分诗词是洒脱冲淡的，时时流露出云山归隐的心绪。来看这两首诗：

天高云远流霞外，野旷禾香绿树前。
久在樊笼心已倦，悠然心寄问归田。
（杂诗三十二首·二十五）

湖光不老人情在，秋色含情分外娇。
占断溪山风一缕，浮槎海上亦堪娆。
（杂诗三十二首·二十六）

还有这首：

坐看湖山烟雨中，春风点染洗空濛。
此心常与湖山伴，细数闲花惜落红。
（四季题画诗九首·湖山空濛）

从这些诗中读得出陶渊明、孟浩然的气息。事实上，卫先生在诗词的气质上，是深受陶渊明影响的，"风流思魏晋，早晚慕遗风"，魏晋风度造就了他诗风的洒脱隽逸。

但我以为，除了先生早年治学任教时用力于魏晋，"自觉不自觉地就沾染到了魏晋人物的风韵"外，卫先生诗风的形成，或许还与他丰富的人生经历有关。求学、任教、下海经商，又转而重回校园，人到天命，参透人生，笑看风云，自然有了繁华过后、返璞归真的心境。有了这样的冲淡心境，也才能有这样墨淡似无痕的文字。《贺新郎·天命自题》，很能看出这种旨趣：

岁暮物华歇。正江南、青山隐隐，秋尽时节。未许西风来时路，何故风霜急切。染几缕、青丝如雪。自负沧桑人不老，却浅斟不胜寒江月。情与貌，两清越。

三十轻抛四十别。料无违、已然知命，梦回思绝。浮世功名皆尘土，壮志几番明灭。更莫怪、雁心未决。感念人生八千里，似而今知我唯秋叶。歌且贺，自相悦。

该词有辛稼轩《贺新郎·甚矣吾衰矣》的神韵，阅尽沧桑，唯一笑置之，这种旷达超逸的人生境界，让人艳羡。

其实，这已然不仅仅是卫先生的人生态度，更由此成为他诗词美学思想的一部分。卫先生诗词所写，多是身边人、身边事，抒发的是一己之怀，很少涉及重大题材、宏大叙事，而且，不仅涉及少，先生还对这类大题材颇有微词，以为抱着太过沉重的道义责任，难免写来了无生趣、空泛虚华。

卫先生言语率真，很有值得品味体会的地方。但我想，家国之思、兴亡之叹，宏大固然宏大，然而从古及今，怕也是很多人发乎内心的共同情感。事实上，不少伟大的诗人、词人，其感情的丰富多样，也成为他们不朽华章汩汩而出的源泉。抑郁顿挫的杜甫，也写过"香雾云鬟湿，清辉玉臂寒"这样满含深情的诗句。豪放洒脱如苏子瞻，有"大江东去，浪淘尽，千古风流人物"的绝唱，但也有"十年生死两茫茫"的痛彻心扉之词。而"采菊东篱下，悠然见南山"的五柳先生，也写过"君子死知己，提剑出燕京"这样壮怀激烈的诗篇。

所以我觉得，卫先生并不是全然否定那些所谓宏大题材的，事实上，在《栖溪风月》中，也有怀古诗（如《西河·华夏怀古》《词二首·中州吊古并记》《水调歌头·哀隋炀帝》《咏怀曹孟德》等），也有对当下重大时事的思虑和关注，卫先生之所以对儒家道德责任影响下的中国文人有所批评，大概在于他坚持诗词的创作要义乃是发乎真情，以我手写我心。他反对的是无病呻吟，"为赋新词强说愁"，矫揉造作以成诗，自然只会让人心生厌倦。这是我完全同意的。王国维说："故能写真景物真感情者，谓之有境界，否则谓之无境界。"卫先生的《栖溪风月》，290余首诗词，所歌咏者多身边景物，所抒发者多个人感情，然而读来却不觉枯涩，至始至终透出灵动自然的姿态，关键之处应该就在于其有真景物、真感情。这样的诗词才有境界，也才能让人读不厌，有共鸣。

至此，以卫先生《步韵李泳〈月圆答湖上诸子〉》作结。我以为，该词颇能概括先生生平志趣和高逸情怀。我生也晚，阅历亦浅，虽不能达至先生的境界，然心向往之。

花月几番几赋诗，高山流水寄新枝。
钱塘月落梅开日，锦里云飞风起时。
陋巷箪瓢回也乐，衡门之下可栖迟。
人生恬淡常清景，莫负光阴勤作词。

书评两则

薛 捷

评《物流工程研究》

对普通人来说，物流不过是将物品由甲地运到乙地的活动，而在物流学者的眼中这却是一个内涵极为丰富的领域。一个合格的物流学者应当是身怀绝技的双栖高手，他既要为主管部门出谋划策，又要为物流企业开方抓药，而王之泰教授除去这两项功夫外，并长年在讲坛上授课，为培养我国物流业专门人才呕心沥血，正因如此，同行公认他为物流学界的"泰斗"。

这样的角色使他对中国物流产业发展的脉络有着极为清晰的认识与把握，也使他对中国物流产业的问题拥有着更多的发言权。其著作《物流工程研究》就是数年来作者对我国物流业现状及发展未来的一次完整而集中的表述。

《物流工程研究》是作者自 20 世纪 80 年代以来开始对物流业进行研究的实录，共涉及三个部分：基础研究、运行研究和国是研究。它从工程的角度出发，对我国物流系统的建设和规划展开了深入的研究与阐述。凭借着其深厚的理论功底、丰富的物流规划与策划的实践经验，以不同凡响的驾驭能力，架构了物流工程体系，洋洋 40 余万字。

每一部著作都诞生于书斋之中，但不可否认的是，同样产生于书斋的作品，却有平庸与经典之别，其衡量的标准之一就是要看这部著作是人云亦云，还是继承与创新。做学问，贵在创新，唯有创新，才能论起来有底气，辩起来有依据，也才能让人折服，最终才能维持在学界的地位。任何读了此书的人，都会有这样的感觉，它没有停留在物流理论、物流体系、物流管理、物流经营等方面坐而论道，而是以系统论等科学研究方法论述了物流深层次的问题。说它是创新之作，绝不夸张。

曾有人进行过估算，20 世纪末，我国物流成本在国内生产总值中所占的比重高出美国 7~10 个百分点，这就是说，如果达到美国当时的水平，中国物流的节约潜力将近 1 万亿元人民币。这巨大的财富难道不让我们动心吗？我国的物流工作者不应为开发这一财富而努力吗？《物流工程研究》就是为打发这一宝藏磨制的一把钥匙，希望它仅仅是一个开端，能够启发更多的人从不同的角度思考、开拓、创新。

《第四次大觉醒及平等主义的未来》阅读笔记

做了十几年的编辑，看过的书已不下数百种。但如果有人问我，哪些书曾给我留下深刻的印象，我恐怕会把福格尔的《第四次大觉醒及平等主义的未来》排在前三位，而且我相信每一个读过此书的人都会有与我相同的感觉。这本书虽然是作者集数十年研究成果写成的学术著作，但即使是最普通的读者读起来也不会感到乏味，真可谓通俗而不流俗，深刻却不艰涩。作者以朴实的语言，借助于所有的经济和历史资料，为读者描绘了一幅美国近三个世纪的经济、社会发展史，并对当代社会的紧迫问题——在道德和精神方面而不是在经济和技术方面推行新的平等主义——进行了研究。

对美国这样的发达国家来说，目前困扰其社会的道德和政治方面的危机是对下列事实的最新反映：人类社会需要通过不断的努力来与对经济产生急剧影响、时常会动摇主流文化的巨大技术进步保持平衡。和以往一样，如今的这一调整过程也导致了强大的宗教和社会运动，即历史学家们所称的"大觉醒"的产生。

第一次大觉醒产生于1730年，它为美国大革命奠定了基础；第二次大觉醒从1800年开始，它导致了许多大胆的改革措施的出台，其中包括废除奴隶制；第三次大觉醒始于1890年，结束于1930年，它导致了福利国家的建立；第四次大觉醒从20世纪50年代后期开始，它引起了一场新的热情高昂的运动，其焦点集中在精神改革而非物质改革方面。

与一个世纪之前不一样的是，如今最难以解决的各种形式的不平等已不表现在吃、穿、住的分配方面，而是表现在非物质或"精神"资产，即经济学家们所称的"知识资本"的分配方面。福格尔将这些资产概括为15种类型，它们是：

目的感：所有的人，无论穷人还是富人，都会受缺乏目的感的困扰。

认识机会的能力：没有这种能力，人就不可能通过有目的的努力来实现自我；有这种能力，但如果缺乏崇高的生活目的，机会也不可能变为现实。

自己是生活的主人：利用机会的年轻人必须具有这种感觉；想知道自己怎样才能融入退休社会的老年人，也必须具有这种感觉。

强烈的家庭观念：父母对自己孩子的关爱，子女对丧失自理能力的父母的帮助和安慰。

集体感：它能使家庭观得到强化，并使生活在竞争世界里的人们能够获得一定的安慰。

与各种群体和谐相处的能力：一个想在复杂环境中成功的人，必须对外国人和其他陌生人表示尊重，向他们学习，并能够领导他们或加入他们的行列中。

仁慈观：为他人服务，并非出于人们对施舍者的尊敬，而是坚信自己有一种使命感并且有义务使这个世界变得更加美好。

劳动观：劳动是一种义务；勤劳既是高尚的品德，也能给人带来愉悦。

纪律性：对任何有意义的活动来说，纪律性都是不可缺少的因素。

精神高度集中：这是纪律的一项重要内容。

抵御享乐主义的诱惑：控制自己的放纵行为，在各种因素的强烈刺激和干扰下忠实自己的承诺。

自我教育的能力：一个人要想成功地达到目标必须始终拥有这一能力。

对知识的渴望：对知识的渴望有助于克服学习的痛苦。

鉴赏力：这是业绩平平者和杰出人物的区别，一个人应具有透过现象看问题的能力，并且能够承担学术风险。

自信心：相信自己在某一方面具有成功的能力，在追求宏伟目标的过程中能够经受住屡次失败的打击。

每个现代人都必须适当具备上面所列举的 15 种精神资产，每种精神资产的最优水平因人而异。目的感太强，会使人对事业的追求变得过于冷酷无情；目的感太弱，会使人在追求事业的过程中失去竞争力。同样的，太强的自信心会使人好高骛远，且这方面的失败容易使人陷入沮丧。过强的自信心还会使人自负，从而影响一个人向他人学习的积极性。与不同的群体相处太多，可能影响一个人与家庭和集体的关系，而与不同的群体相处不够会影响一个人的知识面，使其容易接受迷信、偏见等愚昧有害的东西。

福格尔归纳的这 15 种精神资产是人类优秀品质的概括，并将对人们经济方面的成功和生活方面的质量产生重大影响。以自由主义者和保守主义者共同的价值观为基础，福格尔提出了一项新的平等改革方案——在道德和精神方面推进平等主义原则，并相信通过该方案能够解决非物质资产分配方面所存在的极端不平等问题。

也许有许多人会认为，即使在美国这样的国家，经济、政治方面的不平等并未真正解决，其要走的路还十分漫长，福格尔新的平等改革方案尚缺乏理论基础和实践的土壤。但是，在继续努力促进经济和政治平等的同时推进道德和精神方面的平等，对于建立公正、幸福、平等的社会肯定是有帮助的。

读《纳什博弈论论文集》

——"美丽心灵"者的灵魂之舞

杨 玲

随着电影《美丽心灵》在第 74 届奥斯卡奖上囊括最佳影片等 4 项大奖，约翰·纳什的名字开始广为人知。固然这位数学天才不幸的疾病和独特的心路历程是影片成功的原因之一；但究其根底，这与主人公约翰·纳什对博弈论的巨大贡献以及博弈论在近十年间的迅速发展、在主流经济学中的地位的不断提升和日益广泛而深远的影响不无关系。因此，我们除了关注纳什坎坷的人生经历外，更应该把目光从其个人生活转向对其学术成果的深入研究、借鉴、学习与思考上。

《纳什博弈论论文集》是纳什毕生学术研究成果的集中体现，其中的一篇篇论文犹如作者深邃思想的乐章，将其辉煌的学术成就呈现在我们面前。《n 个博弈的均衡点》和《非合作博弈》是博弈论发展史上具有划时代意义的两篇论文。在这两篇论文中，纳什用严密而优美的数学语言、简明的文字定义了著名的"纳什均衡"，并进而区分和定义了"合作博弈"与"非合作博弈"，从而为博弈论的成熟与发展奠定了坚实的基础，并最终导致 20 世纪一次最深刻的经济学革命。正如复旦大学的谢识予教授在《纳什均衡论》一书的前言中所写的，"纳什均衡理论是海，而且海的每一个海浪，每个海浪的每一滴海水，都充满了黑夜般的神奇，形成一个自己的世界"。事实正是如此，纳什均衡及在此基础上发展而形成的现代博弈论之所以具有如此巨大的魅力，受到社会科学领域，特别是经济学领域的理论学者的青睐，正是因为它来源于对人类决策行为本身及其相互影响的多样性与复杂性的深刻研究。神奇的纳什均衡即"给定你的策略，我的策略是我最好的策略；给定我的策略，你的策略也是你最好的策略"，这种局面在我们的生活中不也是随处可见吗？从著名的囚徒困境到厂商的竞相降价，从智猪博弈到公共产品的供给，从斗鸡博弈到夫妻间的争吵，无论是经济行为、政治行为、军事行为，还是在人们日常生活当中，无不存在着纳什均衡。

《讨价还价问题》和《两人合作博弈》则体现了约翰·纳什对合作的主要贡献，合作博弈理论中的讨价还价模型，即被称为"纳什讨价还价解"。纳什对其精妙的阐释闪耀着理性主义的光辉。此外，在实验经济学中，纳什也发挥了先驱性的作用，《n人博弈的一些实验》就是描述性博弈论发展的一个重要里程碑。人类社会自身就是在矛盾中发展与进步的，人类的行为不仅受人的本能的控制，还会受思想意识、社会心理的影响，受自然和环境因素的制约，而且这些因素之间必然有着复杂的相互作用和影响，当不确定性因素和人们之间的相互影响加强时，决定人类行为的因素就愈加复杂。现代博弈论正是由于不回避这种复杂的关系，不是仅以某种方式进行简单化的理解和处理，而是允许人们考虑更多、更复杂、更深层的关系或因素，从而为人们提供了更加科学的分析问题、理解问题的范式，因而使得经济学成为博弈论的重要应用领域之一。这是因为，仅仅依靠传统的局部分析和一般均衡分析无法反映经济个体对经济活动的影响，以及它们之间相互作用、影响和制约的关系。博弈论对个体行为的研究模式无疑为经济分析提供了更加科学的工具。可以说，现代博弈论改变了经济学研究的方法和思维方式，改变了经济学的体系和结构，重新奠定了微观经济分析的基础，扩展了经济学研究经济问题的范围，并开创了许多经济学的研究领域，甚至改变了经济学的语言和表达方式。保罗·萨缪尔森曾说："你甚至可以使一只鹦鹉变成一个训练有素的经济学家，因为它必须学习的只有两个词，那就是'供给'和'需求'。"博弈论学家坎多利则对其引申说："现在这只鹦鹉需要再学习一个词，那就是'纳什均衡'。"

事实上，正是基于纳什均衡的非合作博弈构成了现代博弈论的核心内容。可以说，对经济领域的贡献仅是它的应用之一。它本身的深刻含义早已超越了对某一单一学科发展的影响意义，因为它是对人类普遍行为规律的揭示。作为数学天才的约翰·纳什在这一意义上完成了数学家对人类科学发展的伟大使命。

由于纳什思想的内涵深刻，国际学术界（包括数学界、经济学界、其他社会科学和自然科学界）对其的研究一直没有间断过，并产生了大量的研究成果和文献。与之相比，我国的相关理论研究还非常少，对其理论的传播和应用也比较落后。但令人欣慰的是，国内的一些学者、出版社已着手进行这方面的工作，《纳什博弈论论文集》即其卓有成效的工作的体现。《纳什博弈论论文集》的出版，将纳什学术成就的原貌真实地展示在读者面前，使人们尽情地领略"美丽心灵"者灵魂之舞的辉煌与壮美，这不仅有助于我们领悟其学术真谛，也是纳什先生本人的心愿所在。

1994年约翰·纳什因对博弈论研究与应用的巨大贡献与泽尔滕、哈尔绍尼一起荣获诺贝尔经济学奖。可以说，约翰·纳什因其纳什均衡和对非合作博弈理论的杰出贡献而获此殊荣，后两者则在很大程度上是由于发展与完善了纳什均衡。泽尔滕先生针对局中人变换战略和决策失误的可能性，建立了"子对策完全性纳什均衡"和"颤抖手完美纳什均衡"；哈尔绍尼先生则针对纳什均衡中局中人了解其他对手选择策略的假设局限，引入信息的不确定性，建立了所谓不完全信息博弈，并衍生出了信息经济学。泽尔滕先生和哈尔绍尼先生的研究成果发展了纳什均衡，使得它更为完美，更加适合实际情况。科学的发展即在不断地否定与完善之中得以进行，读者如果在仔细研读《纳什博弈论论文集》后，再继续深入研读泽尔滕先生的《策略理性模型》与哈尔绍尼先生的《哈尔绍尼博弈论论文集》，会对博弈论的伟大和精深认识得更加深刻，大师们的著作是不会令读者失望的。

随感篇

回顾与期待

——建社 35 周年随笔

周嘉硕[*]

缘　起

不久前，大约是在今年（2022 年）的 9 月中旬，出版社退休职工微信群里，一位元老级资深编辑要求加我的微信。

那一刻，颇有几分欣喜。

以为多日不见，思念甚苦，故邀我小聚，把酒言欢。

不料，却是自作多情。

期望有多高，打脸有多痛。

刚刚寒暄了几句，他便迫不及待地露出了"狰狞的獠牙"。

哪里是邀我叙旧，竟是"命"我写一篇与建社 35 周年有关的文章。

图穷匕见。

本想婉拒甚而坚辞，终于退缩。

毕竟在出版社工作了近 20 年的时间，并在这里完成了从上班一族到退休职工的默默转身。

这里，有着许许多多难以忘怀的记忆，有着一张张熟悉而亲切的面孔。

这里，曾经是我心中的另一个"家"，有家人，更有亲情。

正式职工 16 年，返聘 2 年，16 加 2 等于 18。无论顺畅还是坎坷，都是人生中无法抹去的一段旅程。

---

[*] 作者简介：原首都经济贸易大学出版社社长，编审。

况且，曾经是出版社领导班子的成员之一，于公于私，都应该留下一点文字记忆。

于是，欣然应允。

回顾

实话讲，彻底退休已经 9 年有余。除了遗嘱，此间再未写过其他文稿。

曾经还算井然有序的头脑中，长期疏于耕作，此时已是杂草丛生，一片荒芜。

应允撰文之后，竟不知如何下笔。

那些烂熟于心的出版社工作，早已随着岁月的流逝渐行渐远，变得支离破碎，一片模糊。

无奈之下，只好就某些尚有些许记忆的工作简要说说，算是交差。

回顾十几年的出版社工作，供职时间大致居 35 周年历程的中间阶段。

既没有参与建社初期的白手起家，艰苦奋斗；也没有经历我的继任者在不断趋紧的政策环境和营商环境下保持定力，不断开拓进取的过程。

聊以自慰的，是那十几年，在全体同仁的共同努力下，不负光阴，出版社的各项工作上了一个新的台阶。

回想起来，那是一个齐心协力、昂扬向上、蓬勃发展的时期。

从制度建设入手，理顺并规范了各个业务环节的关系，提高了管理的科学性和有效性，充分激发了全社职工的工作热情。

发展成果来源于群策群力。具有较好社会效益和经济效益的产品不断问世，在多种图书荣获国家级和省部级奖项的同时，出版社的国有资产也有了较大幅度的提高。

应该说，是制度建设打下了发展的基础。

出版社成立于 1987 年。

建社初期，条件简陋，资金匮乏。全社职工主要来源于本校的各个行政机构和教学单位，对图书出版的大部分业务环境都很陌生。当时，大家凭着对出版工作的热爱，边干边学，在实践中不断摸索，积累业务知识，总结工作经验，探寻图书市场的运行规律，渐渐使出版社的各项工作步入正轨，建立了较为完善的业务流程，完成了建社初期的产品积累和资金积累。

囿于主客观因素，建社初期，在制度建设方面无暇顾及，相对滞后。1995年底，形成文字的规章制度仅有《校对管理暂行规定》一项。

或许，有些成文的规章制度随着90年代初期出版社领导班子的调整而废止或散失。

当然，在出版社经营管理的过程中，也会有一些不成文的规章制度；否则，难以完成日常的经营、管理、考核、奖惩等工作。

出版社作为一个直接面对市场的经营主体，是一个完整的运行系统。无论是从系统外部的生存环境看，还是从系统内部的运行需求看，都必须凭借科学、合理、有效的管理体制和运行机制来调控全部生产、经营、管理活动之间的关系，通过调控使之成为一个有机的、有序的、高效的整体。如此，才能实现本社以及社会上一切可以利用的出版资源的优化配置，实现自身系统功能的有效发挥，充分调动和保护全体员工的积极性和创造性，最终实现效益的最大化。

实现上述目标的基础，是建立一套较为系统的、完善的规章制度，即要求全体成员共同遵守的，按一定程序、标准和办法管理、考核、行事的规程。简言之，就是要有一套全部经营管理活动的行为规范。

基于上述考虑，从1995年11月起，在听取本社职工意见和建议，学习、参考、借鉴多所大学出版社各项规章制度的基础上，融合现代企业经营管理的基本理念，从我社的实际情况出发，领导班子在制度建设方面做了大量的工作，最终使我社的规章制度趋于系统和完善。

这些规章制度包括：

出版社的管理体制与决策程序管理办法、社务公开管理办法、办公室岗位职责与考核办法、总编室岗位职责与考核办法、编辑部岗位职责与考核办法、出版部岗位职责与考核办法、发行部岗位职责与考核办法、财务部岗位职责与考核办法、选题管理办法、编校质量管理办法、合作出版管理办法、聘任工作与劳动人事管理办法，以及党务、工会等相关工作的管理办法等等，共计数十项。

在建章立制的基础上，出版社的各项工作进入了一个新的发展阶段。上述举措，为出版社的持续、稳定、健康发展提供了制度保障。

结语

撰写此文时，昔日的工作情景纷至沓来，涌入脑海。

浮现最多的，是曾经在一起工作过的一张张熟悉的、各具表情的面孔。

有男有女，有老有少。

岁月虽然流逝，每个人的音容笑貌犹在眼前。

有的已经退休在家，颐养天年；有的调离了出版社，另辟他途；有的至今仍在出版社坚守岗位，辛勤耕耘。

还有，脑海中浮现更多的，反复浮现的，则是已经不幸离世，令人至今难以忘怀的一个个老领导、老同事。

望着窗外泛黄的树叶在寒风中纷纷飘落，心中忽然掠过一丝莫名的悲凉。

孤帆远影碧空尽，唯见长江天际流。

转念一想，阳春三月的扬州，未尝不是一个令人向往的去处。

岁月无情人有情。

值此建社35周年之际，我们深切怀念这些曾经为出版社的建设与发展贡献了力量，付出过心血和汗水的老领导和老同事。

他们与我们永远同在！

如果说出版社是一个有机的整体，是一个鲜活的生命，那么建社以来所有的员工——无论至今身在何处，则是出版社的活力、动力和灵魂所在。

出版社的工作每前进一步，都是大家默默付出的结果。

借用孙中山先生的名言结束本文：

革命尚未成功，同志仍需努力！

坚信，出版社的明天会更好！

另类的"盲盒"
——《媒介盲盒》策划手记

佟周红[*]

曾经听一个文学教授聊自己的阅读兴趣，他认为自己对社科评论作品的喜好远远大于小说故事，究其原因，是理论评论类文章给他带来的智识愉悦远胜于从故事中获得的审美趣味。对此，我颇有同感，并且因为偏爱阅读言辞犀利睿智的文章，策划一本评论文集的想法也由来已久。

当我看到杨教授的书稿内容介绍中有《观念史的书写与顾虑下的叙事》《网络时代，来一场不合时宜的哲学讨论》《数字时代还有"乌合之众"吗》等标题时，不由得感叹这些素材真的很符合我策划评论文集的设想，这就好像一个虔诚热爱烹饪的厨师幸运地挑到了他擅长料理的上等食材。

一道佳肴的可贵不仅在于料理出的美味，更在于其所提供的营养，一本书亦是如此。一本评论文集的核心价值，不在于其阐述了晦涩的学术理念让人不明觉厉，也不在于其新颖隽永的句式让人拍案叫绝，而是在于评论者基于自己学识与阅历的丰盈对所评内容做的解构与批判。因而评论文集对作者的要求非常高：学识浅薄，无法行在高处；阅历贫瘠，无法洞察世情。杨教授是浙江传媒学院网络与新媒体专业的创始系主任，同时也是一家律所的合伙人，这样的履历背景让他轻松跨越了成为评论家的门槛。

"以书为媒，从阅读中寻迹媒体业的行进方向与路径"，对于这本评论文集的出版目的，杨教授如是说。梳理杨教授给我的投稿文件夹，他所评论的图书从三十多年前对数字时代有无限憧憬的《第三次浪潮》到反映现今媒体融合发展态势的《众媒时代》，从具有学派开创意义的《理解媒介》到预测数字娱乐未来的《网飞传奇》，这些佳作不仅出版时间跨度大，

---

[*] 作者简介：首都经济贸易大学出版社编辑。

而且涉及的媒介话题包罗万象。

正是因为作者经年累月的观察与放眼全球的视野，才能对媒体行业建构出一个较为完整的知识轮廓，从而探求媒体业的未来。我按照作者的创作思路厘清了图书的目录大纲，却对作者起的书名《媒体业的数字梦》匪夷所思："梦"这个字眼怎么可能表达出作者以丰富翔实资料所做的客观构想呢？凭着多年图书策划的经验，我认为这本评论文集的书名一定要改，而且书名一定要寓意深远，否则根本无法承载文章中密集的信息量与深刻的内涵。

顺着这个思路拓展，我想到了书中的很多文章都在探讨受到数字化冲击的媒体如何转型突围，如何拥抱Z世代经济。既然书稿里论及众多前沿的话题都意在把控未来，那为什么不能称其为"Z世代媒介"呢？毕竟未来是属于Z世代的，媒体也都在大谈Z世代引导新市场、新经济。但转念又一想，Z世代的表达也有点具象化，这时我又想到了还可以做进一步引申，想到因为Z世代的需求与喜好变幻莫测催生了让很多人都看不懂的盲盒经济。忽然一个大胆的想法在我脑中闪现，这本评论集是否可以定名为《媒介盲盒》？盲盒不仅是一种在网络社交时代快速崛起的潮玩品类，而且它的深意是对变幻莫测的未来有精彩的期待。

于是，我鼓足勇气把《媒介盲盒》这个书名推介给杨教授。开始果真如我所料，杨教授对"盲盒"一词与其作品如何链接，不得要领。我认真地给他解释了盲盒的深意,并对他表明:因为书稿所选书评涉及新闻、传播、公关、互联网科技、数字娱乐等多种媒介领域,不同读者阅读各篇文章后的体悟与获取的灵感又有不同,这何尝不是一种拆盲盒的体验呢?终于我的诚意打动了作者,杨教授对这本评论文集定名为《媒介盲盒》表示认同,并与我见面沟通了他的创作设想与期待。

定下书名就为我们编排设计这本评论文集指明了方向:一定要打破沉闷,给读者舒适愉悦的阅读体验。图书从封面到内文都要以市场畅销书的标准来打造,封面设计要加入"盲盒"相关的市场潮流元素。

杨教授长期为《传媒评论》《上海证券报》等媒体撰写书评专栏,所以发表积攒的文章多达百余篇,但为了突出"盲盒"对新知的期待,我们只筛选了其中的六十八篇收录其中。为了让文集对媒介发展的探索意味更浓,我们又将全书分为上篇"文本·观念"、中篇"标本·案例"和下篇"话本·前沿"三个篇章,以期让读者对媒介观念体系的前世今生一目了然,而对于传统媒体如何完成转型与数字化的革新,作者通过对《大数据云图》《游戏化思维》《众媒时代》等书的点评给了读者多维演进的想象空间。

料理佳肴的关键在于调配主要食材,让食客唤醒味蕾,品出浑然天成的美味;编辑一部佳作也同样要提炼精华,引导读者把握文章的核心价值。《媒介盲盒》中的每篇评论文章,几乎都有对所评图书作者的师承、学派、门生的介绍与核心观点的思辨,加之对同时期理论学界观点的对比分析,信息量真的是密不透风。

虽然《媒介盲盒》的每篇文章只主评一本书,但是一篇文章会旁征博引经典著作来为书中的观点做注解。为了能让读者快速领悟到文章精要,我们在每篇文章标题下面摘抄了文章的一两句主题句作为引语,每篇文章后面还有对本文的主旨归纳作为精华笔记。各篇文章前后都有要点提示,也是在强调表达作者的立场观念。例如,在《媒介环境学:一场事先张扬的学派开创》一文中,作者以波兹曼对媒介环境学的设问开篇,并从波兹曼那部经典的《娱乐至死》拓展到点评的主角——《媒介环境学:思想沿革与多维视野》。文中引用了七部相关佳作帮读者梳理了媒介环境学派的开创、学派的观念谱系以及媒介环境学派发展的"三代"人物与各自的思想主张等，仅仅用了三千字就建构起一个媒介环境学的知识网络，文章的信息密集程度可见一斑。如此高频的观点引入与新知阐释，在让读者大开眼界的同时，也增加了编辑审校参考文献的工作量，所以这本评论文集的厚度并不逊于学术专著。

《媒介盲盒》可供新闻、传播、公关乃至互联网科技行业的人士参考阅读的价值不仅在于各篇文章的信息量大，而且针对同一领域的话题会有几篇文章从不同角度分别论述，进行多维探讨。比如与公关业相关的文章有《伯内斯"宣传"的弦外之音》《一本书，带你进入公关世界》《一个公关人的自白及其"说服的事业"》，针对美国报业的调查评论则有《重走美国大报，寻找媒体融合之道》《"头版"既出，一切才刚刚开始》《"新闻界第一夫人"凯瑟琳·格雷厄姆的精神遗产》《风云过后，盛景依旧》等几篇文章，重点研究说明了《纽约时报》《华盛顿邮报》《华尔街日报》各自的办报理念与经营优势，如将这几篇文章对比来看，收获颇丰。

在策划《媒介盲盒》的过程中，我一直没忘记作者对这本书的期许："让读者通过这本书看清数字技术会给媒体与新闻业怎样一个未来。"所以在文后的笔记归纳中，我会注重在提炼文章主旨的同时从着眼未来的角度强调作者的观点，尤其是在下篇"话本·前沿"中会更刻意地去描述媒介创新的趋势。在《互联网思维之后，再看游戏化思维》文后的笔记中，我们这样总结："游戏是一种休闲，一种娱乐服务，也是一个产业，而最新的观念告诉我们：游戏是一种思维，一个趋势，是一股能重塑业务与组织模式的力量。"

在《媒介盲盒》出版后不久，"元宇宙"（Meta）的概念大火，但人们对元宇宙的解释众说纷纭。于是，当有媒体采访微软首席执行官纳德拉，问及何谓元宇宙时，纳德拉表示："元宇宙的本质是创造游戏。"这，是否在冥冥之中预示着《媒介盲盒》正在达成让读者看见未来的期许呢？

给《决战金融街》这套书做个年终总结

王玉荣

　　临近新年,微信朋友圈快乐的氛围日渐浓厚,隔着手机屏幕,美物和美人似乎都显出灵魂有香气的模样。受节日气氛渲染,平凡小事都莫名增添了许多亮色,不期而遇的好消息则让人更加欣喜。

　　社里 2018 年国庆期间出版了一本小说《决战金融街》,讲述了以东方雨、谢在渊、罗啸为代表的资本市场精英和以南风骤、柳慕青为代表的民企创二代的奋斗故事,并围绕这几位主人公的事业打拼以及感情纠葛,映射出一场关于资本与实业相爱相杀的金融大戏。故事挺吸引人,出版社签下了全版权代理权,同期尝试 IP 开发,并将其有声版权进行了授权。随着图书的出版,同名小说连播节目也开始在北京新闻广播电台播出。

　　时隔一年,喜讯传来。2019 年国庆期间,这档小说连播节目获得中国广播联合会有声阅读委员会组织评选的"70 年 70 部优秀有声阅读文学作品"奖。

《决战金融街》获得"70年70部优秀有声阅读文学作品"奖

一个多月之后,本节目又在2019年12月获得中广联合会有声阅读委员会评选的"2018年度创优评析小说连播节目一等作品"奖。

《决战金融街》获得"2018年度创优评析小说连播节目一等奖"

虽说此时的获奖作品已经不是出版社的原生产品了,但是由于IP的"血缘"关系以及年底好消息的放大效应,我们依然无比开心,为我们的合作单位北京新闻广播电台开心,为演播白钢老师开心,为作者雨狐开心。但是开心之余,作为本书的策划编辑和责任编辑,我竟然出现了类似冒充者综合征的心理:这部小说果真有这么好吗?于是周末我又拿出这部小说翻看起来。冬日暖阳笼罩小室,桂花香气沁人心扉,岁月静好的午后时光驱散了疑云:评委说得对——果真优秀。

翻开作者前言，在审稿时就打动过我的一句话，如今再次打动了我："我想，也许在某个夕阳西下的午后，我会在某个角落邂逅我曾经魂牵梦绕的东方雨（本书女主人公），那时候，我可以问心无愧地对她说——我已尽力，你的世界里，有故事，也有咖啡。"

看着熟悉的页面，脑海里闪现出的却是逐字逐句编辑本书时的情景。我记得当时因为看不懂书中的新潮语言而无数次求助百度，小心翼翼地在一些前卫又颇具特色的语言中拿捏分寸，删还是不删？改还是不改？几次三番，将原稿改得不忍直视的同时，也尽最大可能保留了作者的文风和不同人物的语言风格，欣慰的是，这些工作都得到了作者的理解和支持。

书中人物非常多，关系复杂又有趣，内容丰富而耐人寻味，甚至很多细节都颇有信息含量，所以，我将原稿内容几乎都保留下来，把书做成了厚厚的一套三册，希望把原稿中值得玩味的一切都呈现给读者慢慢欣赏品评。三册既相对独立，又前后呼应，贯穿了五位主人公跌宕起伏的奋斗经历。虽然全书篇幅有点长，但是随着各色人等轮番登场，好戏接连上演，你会不知不觉沉浸其中，在得到情感体验的同时更收获许多职场启示。

作者是资深金融投资人士，第一次写长篇小说；作为经管教材和专著类编辑，我也是第一次编辑这么长的文艺作品。两个第一次叠加，心中的压力可想而知，唯恐把这部书做砸。对文艺类书稿并不太熟悉的我，只能恶补功课。在一次业内培训中，遇到我国一位著名的作家讲课，课间专程向他请教如何评判一部长篇小说。作家告诉我说：判断一部长篇小说的优劣，首先要看它能否反映出时代背景和特色，其次要看他的文字感染力和讲故事的能力。简练的两句话，让我稍稍放下心来，据此判断这部书稿基本"没跑偏"。而且，在这六七十万字的编辑过程中，我常常会在脑海里浮现出文字所描述的生动画面，像放电影一样，这样的体验，我记得只在读铁凝的《大浴女》时产生过，因此，我基本可以判断，这部小说即使不一定如我感觉得那样好，也应该不会差到哪里去。

在书中，作者讲述了柳知时、南远、林震声等老一代民营企业家果敢创业、苦心经营的坎坷人生，既展现了他们豪情万丈的高光时刻，也坦陈了其复杂人性中白璧微瑕的一面；曝光了以宋寒山、余飞等人为代表的手段高超的金融恶势力，他们貌似翻手为云、覆手为雨，一时风光无二，但最终落得众叛亲离、自取灭亡；还刻画了几位颇有代表性的"厉害"人物，如骨骼清奇的地产分析师"王师傅"、外怂内刚的机械分析师邓仲归、职场老油条证券研究所所长程韬、人胖话多的基金经理李鲲朗、有钱豪爽的家庭主妇莹姐、膘肥心细的餐厅张老板……让整部作品格外有声有色、有滋有味起来。同时，也描写了许许多多不可或缺的普通人物的悲欢离合，这些有名有姓的"小人物"，如芸芸众生中的沧海一粟，或善或恶，或随波逐流或拼搏自强，共同编织出一幅热闹生动的职场万象图。在一众人物中，作者着力塑造了东方雨、谢在渊、柳慕青、南风骤、罗啸五位主人公，五个年轻人个性鲜明，形象跃然纸上：他们或孤绝冷傲，或温润如玉，或古灵精怪，或血气方刚，或自私偏狭。他们在成长的路上，不仅与恶势力作斗争，也在与自己作斗争。他们代表了书中的希望，更寄托了读者守得云开见月明的现实期待。

　　我曾经问过作者：你这小说里写的是真的吗？这也太戏剧化了吧！他有点"不屑"地冲我笑笑说：这只是真实世界的冰山一角，素材与人物都源于自己的所见所闻及亲身经历，当然艺术加工不可避免，但绝对是现实职场的鲜活反映。

　　书中给我印象最深的一幕就是东方雨第一次遭遇重创。东方雨拼尽全力希望辅助所爱的人实现家族企业跨国并购，不料最后关头却突遭欺骗，顷刻间，几近完美的女主人公，仿佛被全世界抛弃，出水芙蓉一般的女孩儿，刚进入社会就被残酷的现实几乎摧毁。记得当初审读稿子时竟潸然泪下，不自觉产生代入感，如果自己那个年纪处在东方雨那样的绝境，能否在如此残酷的商战中挺过来？许许多多离开校园的小白，带着单纯的梦想踏入社会熔炉后，是不是有足够的心理承受能力迎接职场的各种挑战？如果你身边没有一个像"谢在渊"这样的朋友鼎力相助，反而被原先的好友"罗啸"出卖，又该如何自救？东方雨的第一次挫折，用近乎悲壮的现实告诉我们，社会不会因为你玉洁冰清就对你偏爱有加，也不会因为你勤劳能干就助你一臂之力。恰恰相反，欲戴王冠，必承其重，现实的猝不及防，会突然打破你的美丽幻想，因此，你的心理必须要锻炼强大。所以本书出版后，我曾向高校的教师朋友推荐过，建议让毕业班的学生们读读，貌似"无用"的小说恰恰能弥补教材的不足，帮助即将进入社会的懵懂学生构建一个现实职场图鉴,让他们在小说创造的场景中,通过那些惊心动魄又刻骨铭心的情节,有惊无险地获得一些免疫力。

随着故事的展开,当看到东方雨的蜕变和成长后,你就会明白,一个初出茅庐的女大学生怎样历经千难险阻成长起来,她怎样直面黑暗,怎样苛求自己,怎样精进业务,怎样在强手如林的金融圈立稳脚跟并独占鳌头,又如何把自己变成一把杀伐决断的冷面"秋雨剑"。我建议职场女孩尤其是进入金融圈的女孩应该好好读一读这部小说,本书堪称硬核版职场教科书。

全书读完,我甚至觉得这部小说完全可以作为金融行业新人的岗前培训用书。小说揭露阴暗角落、残酷竞争,却始终让你心存正义、怀抱希望;不仅为你指点迷津,助你职场进阶,而且连投资调研、选股析股的技巧和方法都巧妙地教给你。小说通过书中精英们的职场沉浮告诉你,行走江湖,只有你的专业才是你的护身法宝,真正让你立足社会并胜出的还是你无可挑剔的专业精神和专业能力。扯远了,不过说到这里,我对作者这个清华投资哥已是佩服至极。

第一次编辑小说的经历很珍贵,也很难忘,甚至连设计老师亲自上阵写书名、前后修改30来稿、最后改无可改还被要求再改直至威胁罢工的故事都能讲一个来回,在这里也向"受尽折磨"的封面设计师傅释墨老师致谢。

《做正确的事：以价值为基础的经济学》出版随笔

王玉荣

《做正确的事：以价值为基础的经济学》一书出版了。这是一本与众不同的经济学著作，无论从理论的建构还是语言的表达上都会让人眼前一亮。

"那天，我站在炎炎烈日下，街上尘土飞扬，四周弥漫着不一样的气息，这里是乌干达的首都坎帕拉。"这个与学术书貌似不搭调的开头是不是让你感到惊讶？这是一位怎样的作者？像小说一样开头的学术书会怎样展现它的内容呢？

作者阿尤·克莱默（Arjo Klamer）是荷兰鹿特丹伊拉斯姆斯大学（Erasmus University Rotterdam）艺术与文化经济学首席教授、博士研究生导师，同时也是当今文化经济学领域的权威教授，长期从事文化经济学以及经济哲学领域的研究，毕业于杜克大学，获得经济学博士学位。

在本书编辑出版过程中，随着了解的增进，我有时会觉得，无论克莱默教授的学术成就有多高，似乎都不及他本人的幸福指数高：妻子贡献了本书的主书名"做正确的事"（Doing the Right Thing）；小女儿贡献了本书英文原版、韩文版本、中文版本统一的封面设计；其韩国博士生翻译了本书的韩文版；其中国博士生翻译了本书的中文版。拿到印装精致的成品书，我感觉这是一本被深情厚谊裹持的出版物，虽然是一本知识密集、领域宽广的专业性著作，但是可读性非常强，因为无论是思想还是文字都散发着浓浓的"人情味"。

克莱默教授在书中讲道，当他回顾自己的学术生涯和从政经历时发现，无论在学术讨论中还是在政府工作中，越来越多的人和组织开始关心有关品质、价值、目标和意义方面的问题，而此时标准经济学的知识和方法在处理相关事务时则显得无能为力，于是他开始反思传统经济学的局限性，逐渐形成了"以价值为基础的经济学"的思想。如果说传统的"以价格为基础的经济学"能够解释"没有金钱是万万不能的"话，那么本书定义的"以价值为基础的经济学"则很好地解释了"金钱不是万能的"。在世界长达70多年的整体和平时期，随着经济的快速发展和财富的大量积累，部分国家和地区逐渐摆脱经济短缺的限制，那么现在，我们是否能超越物质财富来看待这个快速发展和变化的世界？仍以传统工业时代的经济思维模式来主导信息和文化创意时代的发展是否是一种正确的选择？我想，这可能是克莱默教授写作本书的深层次动机。

本书力图为经济发展进程建立一个以价值为基础的结构框架，在关注物质基础的同时，也对超越传统经济格局——以人文价值为核心的社会文明给予更多的关注。如果说，传统经济增长模式注重的是物质财富的生产、分配以及如何最大化获取经济利润，那么本书所介绍的以价值为基础的经济可持续性发展模式则更注重社会文化层面，并从人文价值的视角出发，试图为建立高品质的新型经济社会提供帮助，而且创新性地提出可实施方案：从由市场（市场功能机制）、政府（政府政策职能）、家庭（oikos）、社会和文化五个领域构建的模型出发，通过多层面、多角度分析，创建出一套多维立体的价值实现及评估体系。

克莱默教授希望这个世界可以变得更有意义，希望这个社会的经济结构可以变得更加合理，并且希望建立一个以人文价值为基础的经济体系，但同时也坦陈，或许这只是他的一厢情愿，不过这正是他作为学者的责任——不仅有责任看清世界的客观现状，同时也有责任去构想即将到来的未来世界。

这本书是克莱默教授集经济学研究，政府工作经历和教学实践思考、心得于一体的产物，他甚至希望这本书可以成为学生们的教材，正如本书序言里所说："对于如何才能更好地生活，我们都是学生，难道不是吗？"

无论对谁而言，这都是一部难得的优秀著作，因为无论是专家学者还是普通读者都能从这本书中有所获益。中央财经大学文化经济学研究领域的周正兵教授——是包含本书在内的"文化经济学译丛"的编委会成员，也是本套译丛版本引进的推荐者——高度评价克莱默的五领域模型："概而言之，以文化消费和行为为'实验室'，克莱默主动借鉴其他领域的前沿成果，重回亚里士多德的实践智慧的路径，创建出一个市场、政府、家庭、社会和文化等五个领域多维协调的价值实现与评价体系，并在解读人类行为方面有着不错的解释力。这无疑是人类行为研究的前沿阵地，未来哲学社会科学的突破很有可能就诞生于此。"而这个五领域多维模型正是我作为普通读者最受启发的内容。克莱默教授清晰地划分出五个领域，并详细地列出了不同领域的不同逻辑和话语体系，通过这一模型你会发现，很多问题的产生恰恰是逻辑错配造成的。这样的错配不仅会对个人产生困扰，而且也会对企业管理层、政府管理部门造成行动障碍，从而导致无论个人还是机构都无法做出正确的判断和选择。

因此，阅读本书，既能领略丛林密布的殿堂理论，也能看到芸芸众生的日常生活，既可以读出国师论道的滋味，也能体会百姓之学的功用。之所以能有如此的感受，还必须要真诚地感谢本书年轻美丽的译者姜丽丽老师，我想可能正因为她是克莱默教授的博士生，深得教授的理论真传，所以才能通过温润通达的文字翻译，准确地表达出克莱默教授的思想内核，从而架起作者与中国读者之间的桥梁。

克莱默教授非常期待能看到中国读者的评价，他在本书"致中国读者的寄语"中写道:"以中国人的方式去做正确的事情到底有何特点?……我很想知道,对中国的学生、经济学家以及其他社会科学家来说,他们是否认可将标准经济学的思维模式进行彻底的颠覆?……在中国的语境里,涵盖五大领域的多维模型理论是否成立?……我真诚地邀请你和我们一起来体验以价值为基础的研究方法,如果当你在阅读完本书后,愿意和其他人一同分享你的读后感,那就说明我的这本书是有用的。"

以个人的阅读体验来说,我想我可以提供这样一份肯定的"说明",并期待看到不同领域读者的读后感。

最后,将本书开头语分享给你,希望由此带你开启此番"正确"的阅读之旅:

"谨以此书献给所有正在追寻和准备追寻另一种经济学的人们,以及那些为了美好生活而奋斗和为了美好社会而做出贡献的人们。"

我是一本教材，我也想要美美哒

——浅谈我社教材图书的装帧设计

彭伽佳[*]

大学教材作为高等教育知识的载体和先进文化的传播媒介，与我国几千万在校大学生的日常学习生活息息相关，其装帧设计艺术品质的优劣不仅关系到教材的品位和出版社的形象，对大学生审美情趣和学习热情也会产生潜移默化的影响。我社是大学出版社，大学教材是我社的主要出版品类，其装帧设计的优劣，直接关系到教材图书的销量与影响力。

装帧是图书的脸，它决定了读者对图书的第一印象；装帧是图书的衣服，它直接反映了图书的内涵。无论是在实体书店还是在图书网站，首先吸引读者的便是图书的封面设计。赏心悦目的封面设计会让你产生一种愉悦、求知、购买的强烈效应。这种效应就是装帧设计在图书销售中起到的作用，反映了装帧设计在图书出版中的重要地位。不同类型的图书，在装帧设计上有不同的风格和追求，而说到教材，人们的第一印象恐怕是色彩单调、图形简单、文字中规中矩……为什么教材图书的装帧设计不能做得更有设计感呢？这是困扰教材类图书编辑与设计者的问题。

做教材的编辑同仁一定都有这样的感受：教材的装帧设计很难做好，要做出新意更是难上加难，花哨了易陷于媚俗，简单了又缺乏吸引力。的确，与市场书相比，教材的装帧设计受到的限制更多。作为市场书，往往在装帧设计上追求美观、醒目、前卫，纸张的选用空间更大，印制工艺更是五花八门，目的都是使读者能从书架或摆台上众多的同类书中一眼即被它所吸引。但是教材作为某一学科知识的载体，它强调的是知识性、系统性、严肃性、科学性，过于繁杂时尚的设计反而与其内容不符，因此强调

---

[*] 作者简介：首都经济贸易大学出版社编辑。

在体现教材内容特性的基础上追求艺术性，做到科学性与艺术性的和谐统一。说到底，图书的装帧设计必须为图书的内容和读者对象服务。

大学教材的读者对象是大学生，他们需要通过对教材的学习，充实自己的理论水平，提高自身的专业素养，他们在阅读和使用教材时对书籍装帧设计的要求是简单、明快、直观。过多繁杂的装饰，只会影响书的视觉阅读。因此，书籍的装帧设计可以在综合考虑版面设计、纸张选取、构图、色彩搭配、成本预算等的基础上，通过调整字体大小、行距间距、天头地脚、切口留位等来体现教材阅读的舒适性和使用的便利性。

而且在互联网技术日益发达的今天，技术的发展不仅给我们的生活带来了越来越多的便利，也对教材的网络营销提出了更高的要求。今天，很多教材都放在网络平台销售，图书网站只提供给读者图书的封面、目录、内容简介及部分文字试读等信息，在这种情况下，新颖时尚又切合主题的装帧设计不但能够给读者带来良好的第一印象，使本教材能从众多同类书中脱颖而出，抓人眼球，而且发挥着非常重要的信息传达作用，对图书销售的促进作用不言自明。

综合以上各种影响因素，我认为，教材类图书的装帧设计需要遵循以下基本原则：

简洁、实用

教材类图书的装帧设计不应过于烦琐，以免喧宾夺主，分散学生的注意力。通过简洁的元素传达丰富的信息，确保页面上（包括封面和内文）每一个元素和符号都有它存在的必要，并充分利用已有元素，启发读者的想象力，达到一图多用、一图多意的效果。例如，可以将封面上的一些符号或元素用于内文的版式设计中，使全书做到内外呼应，一气呵成。

同时，教材作为学生日常学习用书，他们有长时间多次翻阅的特点，在印刷制作工艺上应化繁为简，不仅能降低成本，减轻学生的经济负担，而且装订上讲究结实耐用，便于学生长期阅读使用。

美观、时尚

大学生群体追求时尚新颖，教材类图书的装帧设计也应与时俱进，符合大学生群体审美需求的变化。独特的版式风格、有质感的图片细节、匠心独具的色彩、精致美观的字体，都能挑动他们的视觉神经，激发他们的学习兴趣。

全方位设计

书籍装帧作为视觉传达设计，有其独到之处：一方面，它突破了二维平面空间，在三维空间展开设计；另一方面，只有在阅读书籍的过程中，才能真正领略其中的设计。在教材类图书的装帧设计中，应当充分展开全方位设计，对封面、封底、书脊、内文版式、字体、开本、材料、色彩等因素加以统筹考虑。同时，内容也是决定教材装帧设计风格的主要因素。例如，对于案例多的教材，可以通过字体的区别以及醒目的版式设计来凸显案例的重要性，使读者在选择和购买同类教材时能第一时间看到本教材的优势。

重视细节

细节决定成败。一个好的装帧设计理念除了应有独到的创意之外，同样不能忽视对细节的设计。是否对细节的设计做出合理的把握，决定了学生的阅读与学习体验是否舒适。例如，教材的切口可留有足够的空间，方便学生上课时做笔记；一行的字数不宜过多，行距也不应太窄，以免学生长时间阅读感觉疲倦；重点内容宜突出，目录层级宜分明，方便学生快速检索重点内容。

书籍的装帧设计最终要通过纸张和印制工艺来体现。纸张的表现力可以体现书的个性，不同的纸，因其质地、纹理、厚薄不同而形成了各自的性格。纸张的触觉和设计的视觉以及印刷工艺，共同树立了一本书的整体形象。教材类图书因受各种因素的影响，传统上一直比较保守，今后可以在材料的运用上大胆创新，期待取得意想不到的效果。

印刷装订环节是图书出版的最后一环，也是最关键的环节。设计者的设计呈现在读者面前，其设计理念的传达是否到位，均由印刷装订来体现，如颜色是否饱满，是否偏色，图片是否清晰、细腻、匀称，装订是否服帖，书脊是否平整，等等，这些不起眼的因素任何一项不到位，都会给图书设计带来遗憾。教材类图书设计简洁、风格庄重，重印周期长，更需要精良的印制工艺来体现。

总之，教材是拿来看的，教材的装帧设计必须在遵循艺术设计普遍规律的前提下，充分考虑大学生的视觉心理及其能动反应，贴近他们的生活，站在学生的视角思考、观察、想象，在与学生有效"共情"的基础上进行整体设计，方能获得学生的喜爱。教材也是拿来卖的，图书装帧设计也是一项商业设计，应遵循商业设计的规律和法则，即以最低的成本投入获得最好的艺术和商业效果。一个优秀的书籍装帧设计不应仅停留在视觉和功能上，更应根据成本的投入来进行综合考虑。

流光容易把人抛

徐燕萍[*]

更在乎当下和未来的我，其实很少感慨时光的流逝，因此当出现契机需要停住脚步回望过去时，掰着手指头数了数，我来社里居然也3年多了。看到3这个数字，我的第一反应其实是续展时间够了，我可以续上责编证了。

是的，在来社前我曾经中断过继续教育的培训。当时毫不在意地中断只是因为在出版行业待了很多年，眼见着传统出版逐步走向式微，眼见着数字出版花样百出，身处其中看不清也不确定未来的走向。权衡之后索性投入互联网行业，只想亲眼看看新科技的发展在出版这个传统行业中到底能发挥什么样的作用。站在计算机技术以及互联网运营模式的角度来看出版，各种眼花缭乱的新名词、新概念、新技术、新模式也很是热闹，但所有这些热闹本质上都是工具，其背后的根本还是内容。

所以，回到出版社以便更贴近内容是必然的选择，同时借助各种工具解决出版过程中的各种新老问题也是顺理成章的事情。

初来社里，选择的是数字编辑岗位。当时图书配套的一些音视频等资源并没有统一的存放平台，只能放在公网上，随书提供平台的链接。这样做的优点是免费，但风险很大。因为不确定什么时候该链接就失效了，这就很可能会给读者带来很差的体验感。有较真的读者会找出版社来问，也有读者在心里会给出版社直接扣分，从此绕道而行。感谢当时正如火如荼的 SaaS 服务模式，这种模式提供了通用性强的轻量化的数字解决方案，小鹅通就是其中面对出版细分领域的佼佼者。我对同类产品做了细致竞品分析后，最终与小鹅通签订服务协议，解决了社里一直存在的这个问题，不

---

[*] 作者简介：首都经济贸易大学出版社总编室主任。

管是图文还是音视频，都可以上传至该平台，转换成二维码，方便读者扫描获取资源。迄今为止，该平台运营良好。

近些年来，随着各高校教学模式发生改变，高校教师对教学课件的需求越来越大，但因为种种原因，任课老师自己根据需求制作课件的可能却变得越来越小。课件的制作任务不出所料地转移到了作者这边，不过由于过去并未跟作者签订必须提供课件的合同，所以出现需求时，有些作者不想再额外多花工夫制作，有些作者则担心提供课件后被人谋利，还有些作者确实力不从心——自己不会制作……原因林林总总，不一而足。但出版社在面对激烈的教材同行竞争时，不得不正面去解决这个问题。从长远计，需要编辑在做新教材时注意与作者约定课件情况，但现阶段还是需要出版社尽快做出应对，以解燃眉之急。我在了解了社内现有课件的质量及用书老师反馈后，做了一部分课件。通过这批课件来具体了解制作难度、制作时间以及教师反馈信息，然后再找一些曾经的合作伙伴来提升数量，形成相对稳定的合作模式，同时挖掘新人补充合作队伍。

困难依然存在：第一，课件的需求呈现明显的季节性，高校开学前需求量会猛增，导致没有足够的人手应对压力；第二，因为是兼职工作，对进度的把控性不够好，这一点跟管理翻译团队和外编团体是类似的；第三，更新版本的处理，教材的更新就会导致用户对课件更新的需求，但课件更新需要制作者一页页去核对新内容，找到不同再去修改。另外，有些旧课件年头长，本身制作质量差，甚至当时的制作者在制作时就操作不妥当，会给后续的修改人员带来很多制作上的困难，同时也给课件更新的付酬带来了各种问题。

后来因出版社的需要，我的职责范围又增加了总编室的工作。总编室的一大工作特点是内容繁杂，对内要面向社内各部门，对外要面向上级部门以及合作单位，以及各种可能的其他外界信息处理需求。

初到总编室时，最大的感受就是每天各种突发性事件太多，有时会完全打乱工作安排，让人不断地在各种事务性工作中切换，导致人的精神状态一直处于高度紧张中。做过编辑的肯定有这种感受，安静地花整块时间看稿，效率及质量是最高的，但如果时不时地被各种不同性质的事情打扰，基本上就很难静下心来做事，因为这个思路被打断再连接的过程是需要时间来缓冲的。

  为了更好地理顺总编室的工作，也为了减少一些无谓的干扰，我重新梳理工作当中的所有内容，分析出哪些属于常规性事务，哪些又属于突发性事务。比如，编辑生产流程，这是贯穿出版社生产任务始终的一项最明显的常规事务。但在日常工作中，编辑们经常性地会出现搞不清下一步该做什么的情况。于是，我根据本社的实际编辑流程，以及既有的现实情况，绘制了完整的编辑流程图，通过不断地运行、调整，尽量使流程中的每个人都清晰了解自身的责任所在，从而配合流程中的其他人顺利完成这个过程。这样的梳理之所以需要形成条文，也是为后面有新人加入团队时提供必要的规范制度，从而能够更快更顺利地完成磨合。又如各种费用的结算，同样是常规性事务，这是生产正常推进的底层支撑，只有这些支撑平稳有序，才能实现我们肉眼可见的各种成果。

  来自上级单位的各种通知则属于突发性事务的一种，随着时代发展以及国内外环境的变迁，需要出版行业关注并积极融入配合的事情更多且更复杂。在面对具体事务的处理中，需要更多地了解行业及单位在其中的角色以及发挥的作用，从而进一步指导我们的具体业务。

  回顾20余年的职业生涯，从业务到管理，从业内到业外，经历过不少岗位的变迁，但核心还是围绕着出版。不过我还是不敢说完全了解这个行业，只是借助这个职业来理解这个社会的运行规则，通过岁月的洗礼进行个人的修行，谨望认真努力地生活工作，能为自己、为他人、为单位、为社会尽一份心意。

初识出版工作

陈雪莲[*]

2017年对我来说绝对是意义非凡的一年，在这一年里，我感受了离别的愁苦，经历了求职的迷茫。作为一名应届毕业生，我要在这一年里离开象牙塔，走入人生的一个新阶段，寻找人生的新方向。说实话，在这之前我从未想过自己会成为出版社的一名编辑，但是生命的美好不就在于这种意想不到吗？

以前对图书编辑工作的直觉就是校对。因为在学校，老师也曾让我们帮他在将出版的图书中找错别字，当时以为编辑主要就干这个工作。后来为了准备面试，我开始主动去了解出版工作、编辑岗位职责，但是这个时候我的理解还仅限于百度百科上面的解释。再后来，在一次次面试中，在与编辑的交流中，我对出版行业的认识加深了，对编辑工作也有了进一步了解。

三个月的轮岗期，让我对图书出版有了一个清晰的认识，对编辑工作也有了一个大致的理解。刚开始被安排在总编室，负责合同档案和新书的整理工作。在这段时间里，我一直在总编室和档案室间奔跑，虽然工作比较简单，重复性较高，但是却让我学到了很多东西。在工作期间，我有机会拜读资深编辑的编辑记录和审稿单，可以想象着他们伏案工作的情形，汲取编辑加工的经验，畅想未来自己的工作。但有时也会有怀疑，自己真的能够胜任这份工作吗？这些编辑如此优秀，自己什么时候能够做得和他们一样好呢？正是这些怀疑，使得我更加坚定了自己的决心——一定要把工作做好。整理档案的过程也是一个了解出版社的过程，这些档案材料深刻记录着出版社的发展。有些泛黄的、年代久远的审稿单，好像在诉说着

---

[*] 作者简介：首都经济贸易大学出版社编辑。

出版社的历史；那些1997年、1998年书的稿酬结算单，显示了一本好书的延续性；那些已落上灰尘的档案盒，承载着整个出版社的辉煌。偶尔还会看到编辑与国外作者的往来书信。在总编室里，每天都会来一些新书，我所要做的工作就是把这些新书分门别类地放好。有时候会看到编辑来取走书稿，讨论封面，交片。刚开始，我连交片是什么都不知道，还好有一位老师帮助我，向我详细讲解，使得一个个专业术语在我的脑海中变得鲜活起来。

在总编室的日子匆匆过去，接下来走进发行部。发行部的同事个个热情洋溢、充满活力，对我们这些新人很是照顾。发行部是一个连接图书与读者的重要部门，主要负责图书的发行与营销。发行部主任将他们的工作总结为三个"流"：单据流、资金流、货物流。首先是单据流，主要指客户的订单、退单和账单，每天通过多种方式与客户建立联系，将一本本纸质书换成码洋。资金流主要讲的是对账、开票和应收账款管理。货物流主要针对书的入库、仓储、分拣和运输。有时候业务经理需要出差到各个学校向老师和学生展示我们出版社的新书，即使炎炎烈日也减退不了他们的热情。我在发行部的这些天除了了解发行部的主要工作外，还负责各种信息的整理，一个个数据展示了出版社新书发行情况。在信息技术飞速发展的今天，网购已经成为我们生活中必不可少的一部分。在学生时代，我们也特别热衷于在当当、京东上购买各种书籍。以前我可能从没想过，自己可以作为这些网点的合作方中的一员，为学生们提供新书。在为这些网点上传新书信息的时候，我深刻感受到信息齐全的重要性，如果没有详细的内容简介，就很难吸引读者。我们现在所上传的信息是至关重要的，不仅关系到这本书的销售，还关系到整个出版社的声誉。在这段时间，出版社一直在讨论如何增强编辑与发行的联动配合。在我看来，编辑和发行的联动配合是非常必要的，编辑离不开发行，发行也离不开编辑，互相配合，才能实现最优效益。发行需要编辑做好书，编辑需要发行卖好书，这里面存在一个沟通配合的问题，只有有效沟通，才能将一本书做好。

最后当然是进入编辑室，进入自己的工作岗位。总结来说，编辑工作就是与作者合作生产一本书。作为一名编辑，主要工作分为如下流程：

首先是选题策划，作为一名新编辑，我还没有接触到这方面的工作，但是参加过社里举办的选题策划会，对选题策划有了一些了解。选题策划简单来说就是由编辑提出出版创意。要想做好选题策划，主要要考虑以下几个因素：出版社的实际情况，包括出版方向、专长、发行渠道等；整个图书市场的流行趋势，也就是说掌握同类图书情况及目标读者群的情况；选题的可操作性，包括组稿的难度、出版时间限制、编辑加工的难度、发行渠道兼容度、宣传营销难易度等。然后是做选题策划报告，包括为什么要做这样一本书、市场同类书情况、作者情况、市场预期、著述形式、装帧形式、营销策略等。选题只有真正成熟、具有可行性及良好的市场前景，才有可能通过出版社的选题讨论会，进入下一步操作。

选题通过后，就要进入组稿阶段，这是将理想变成现实的第一步。根据选题会的讨论和一些出版知识的学习，我对组稿有了些许了解。组稿的方式有很多，传统的组稿基本完全靠编辑的人脉，所以要求编辑社会交往能力强，必须手勤、嘴勤、腿勤，即经常出差参加各种学术会议、论坛、笔会等，结识更多的作者；多与作者联系，同时扩大自己的作者队伍及关系网。由此可见，传统的组稿方式往往是编辑做好选题策划报告，然后从自己已经掌握的作者资源中寻找合适作者，或者根据书稿需要去结识新作者。因此，传统的出版多是"约稿"性质的。而现在，编辑工作方式有了很大的变化，因为有了网络，编辑与作者的联系更方便了，大量书稿也出现在网络平台上，可以在网上找到相关的作者。

审稿是我们新编辑必须经历的，也是非常重要的。一部书稿拿到手里以后，首先要初审，判断稿件是否符合选题设计思路或者稿件是否具有出版价值。如果通过，那么就进入一审，即责任编辑按照出版规范进行审稿。责任编辑要将图书当作自己的孩子来爱护，对它负责。在一审时，对书稿要在政治、思想方面严格把关，按照出版规范调整书稿的编排体例，审核修改语言文字的逻辑、标点等。如果原稿水平较高，编辑则省力一点；如原稿水平较差，那就看编辑怎么做了，负责任的编辑会具体指出书稿中的所有问题，然后退给作者修改，有时候，作者反复修改不好的地方，在经过作者同意后，编辑也会亲自捉刀。所以说，编辑经常将自己的工作性质形容为"为他人作嫁衣的工作"。我刚刚完成的一本书的原稿质量就比较好，主要处理一些格式规范问题，返给作者修改的地方比较少。

我们出版社严格实行"三审三校制"，责任编辑一审完后将书稿、审读意见等提交二审（编辑室主任或具有副高以上职称的编辑），二审后将书稿及两个审次审读意见提交三审（总编、副总编或具有正高职称的编辑）。三审通过以后发稿，将书稿交排版公司排版，然后进入校对流程，一校通常校对排版公司出来的校样与原稿的差异，然后将校样返回给责任编辑，编辑认定校对提出的问题后，退还给排版公司改错、出二校样，交校对进行二校，还是进行"比校"，然后再给编辑认定、退给排版公司改错出三校样，最后一校通常由有经验的校对进行读校。之后稿件退还给责任编辑，经认定后，退给排版公司改错。在"三审三校"之后，编辑进行最后的通读，之后进入质检阶段。再交由排版公司改正，之后就是出付印清样、刻盘，编辑履行付印手续，到出版部门准备付印。

编辑是一本书的全程操盘手，一般在一审后，就会联系美术编辑设计封面，美术编辑会根据责任编辑提的要求和相关资料进行封面设计，设计完后由编辑认定。封面是整本书的"脸"，所以保证封面不出差错是非常重要的，要经过责任编辑审核、总编室审核等，最后才能确定。在封面的设计过程中，对书的成品尺寸、印张、书脊厚度等方面要加以确定。我负责的一本书在封面设计过程中，曾发生过一个小插曲，在与美编沟通时，我误将扉页说成了黑白页，闹了笑话，出版社领导得知后赶紧给我们新人开小灶，为我们介绍书籍的每一个术语，让我们尽快融入这个出版圈，成为一个内行人。

封面、内文光盘齐了以后，一起交给印制部门，包括用纸、工艺等，此时都已经确定，由出版部给印刷厂开付印单。出书以后，责任编辑还要核对样书、给作者开稿费、寄样书等。

编辑的第一本书已被我珍藏，它除了凝聚我的心血之外，还包含各位同事、老师对我的教诲。我们主任帮我二审把关，在每一份审稿单上都写下注意事项，使我受益匪浅；总编室老师带我设计封面，指导我整个编辑流程的把控；其他老师在各个方面都给予我很大的帮助。虽然说出版行业近年来一直不太景气，但是谁说发展的瓶颈期不是机遇期呢？

我在出版社的"第一次"

彭 芳

第一次来出版社

其实我第一次来出版社,并不是接到面试通知后,而是备考首都经济贸易大学研究生的时候,为了买书,慕名而来。记得当时是马老师接待的我,满面笑容,非常亲切,告诉我书暂时没有,要我留下地址,付了书款。后来如约将书递给了我。那时候出版社还在1号楼,总编室在楼道最东边。记忆中到处都堆的是书,似乎当时侯老师也在总编室待着,笑容灿烂。我当时如果知道这就是我将来要长期工作的地方,不知道还会不会那样坦然。

第一次看稿子

来出版社后第一次看的稿子是一本线性代数。对于踏上工作岗位后接手的第一份稿件,我的态度是十分谨慎认真的。为了保证它的质量,我让学理科的老公找他同学借来一本权威的线性代数,每遇到问题就参考权威。这是我编辑生涯的处女作。后来看过无数稿件,许多稿件看完后甚至都没有多少印象了,唯独这本,永生难忘。

第一本书《线性代数》

第一次被稿子虐哭

第一次被稿子虐哭，是在一个春光明媚的周六上午。那时候不像现在被家庭拖累，所以有空就会来出版社处理稿子问题。那本稿子质量很差，我与作者沟通多次，一步步地提升稿件质量。那天跟作者打电话，作者有些不耐烦了，让我自己处理，他不管了！放下电话，泪珠就掉下来了。委屈吗？也许吧。现在成为"资深"老编辑了，知道这样的事儿对编辑来讲就是家常便饭，不禁莞尔。

第一次被"编辑"附体

在出版社工作注定是我一生不寻常之旅。研究生毕业拍集体照的时候，我正服从出版社安排，在外面接受培训。记得当时小周社长回学校的时候还问有没有人跟他一起回去，我胆小不敢提出来，以致错过拍照机会，一直以为憾事。这可能就是传说中完整人生的一部分吧！现在回想起来，原因只有一个，那就是我被"编辑"附体了！所以，我后来会成为同事们眼中最"勤勉"的编辑，就连节假日不看稿都会有一种罪恶感！如果真是这样，那就请再让我被"策划"附体一次，我多想策划出超级棒一级棒的选题呀！

社长寄语之一
坚守理想，专注成长，以专业高效服务谋发展

杨 玲

首先热烈祝贺2020年中国大学版协年会和订货会的召开。2020年是不平凡的一年，充满曲折艰辛和接踵而至的各种考验。面对疫情与产业变革加速影响的叠加，首都经济贸易大学出版社与众多大学出版社一样，积极应对挑战，不断探索融合创新之路，以优质高效的产品和服务谋求生存和发展。

一、坚守理想，担当使命

坚守出版理想，把使命和担当放在首位，是全社的共识和前行的动力。出于出版人的社会责任和大学出版社的专业精神，2月4日出版社率先向社会发起"抗击新型冠状病毒，关注中国经济发展"征文活动，汇聚各个领域的专家学者和专业人士的才智和见解，深入思考疫情对于中国经济的冲击、应对机制以及其中蕴含的变革机遇，获得社会和业界的支持与关注。同时依托大学出版社的品牌和专业优势，围绕危机和突发事件的发展趋势以及背后的深层问题，探讨如何进行科学有效的解决方式等主题组织出版工作。2020年10月推出《突发公共卫生事件下的物流与供应链管理》《突发公共卫生事件下的新技术应用与管理》，聚焦疫情之下供应链的突出和关键问题展开研究，填补了国内市场空白。《突发公共卫生事件下的物流与供应链管理》一节荣获宝供物流奖一等奖。

二、坚持创新，融合发展

坚持开放创新，以项目为驱动通过融合拓展，突破资源约束。新的信息传播机制改变了读者的阅读习惯和学习方式，在融合转型中，大学出版社面临着资金和人才紧缺等方面的资源约束。为此，我们采取以重点项目为驱动，扩大与产业链各方合作，不断拓展业务边界的方式，积极进行数字转型。2018 年与中广联合会有声阅读委员会达成战略合作协议，2019 年有声版《决战金融街》在北京广播电台连播，作品获得 70 年 70 部优秀作品，并获得有声节目一等奖。2020 年以优秀获奖图书《党性的诠释》为蓝本，与有声阅读专家精心联袂打造有声版《党性的诠释》，上线学习强国平台和听听 FM，纸声联动，受到广大基层党员的喜爱和欢迎。

三、培养提升自我管理和专业能力

构建学习型组织，不断培养提升企业的自我管理能力和专业能力，以优质产品和高效服务满足不断变化的市场需求。出版产业结构的调整和市场格局的改变，意味着单纯依靠规模性增长难以为继，必须坚持社会价值导向，走内涵式发展道路。出版社积极倡导"员工与企业共同成长，出版社与大学共同发展"的文化理念，创造条件，以"请进来"和"走出去"的方式鼓励和支持员工结合行业动态和本职工作不断学习，以高质量的产品和高效的专业服务谋得市场认可和发展。围绕新工科、新文科和课程思政建设打造精品图书，推出"数据科学与大数据系列教材"、《课程思政"三金"优秀教学设计案例》等前沿教材，得到市场的认可和广泛欢迎。

四、依托优质知识服务，走向光明未来

大学出版社是高等教育体系和人才培养的重要阵地，希望和坚信会有更加广阔和光明的未来。服务高等教育发展和人才培养目标是大学出版的初心和使命所在。大学出版社的责任和使命在于为高校的教学科研提供优

质的出版服务，使出版平台成为学校学术共同体的有机组成部分。在信息喧嚣的时代，大学出版社厚重的积累和独特的专业能力是其发展的基础和价值体现。面对新的出版生态，相信大学出版社会以更加清晰的专业定位和更加优质的知识链服务成就更加辉煌的未来。

社长寄语之二
强化价值引领，以深度融合推动教材的高质量出版

杨 玲

首先祝贺中国大学版协 2021 年年会的胜利召开。在建党百年之际，党中央召开十九届六中全会，这是在重要历史关头召开的一次具有重大历史意义的会议。大学出版社肩负着为新格局下的高等教育服务、为新时代立德树人的根本任务服务、为培养新时代民族复兴所需人才服务的重要历史使命，我们要把学习宣传贯彻党的十九届六中全会精神作为重大政治任务，以党建为引领，实现党建工作与出版业务的高度融合，不断推动大学出版社的高质量发展。

一、以党的教育方针为引领，将高校根本任务深度融入教材出版战略

习近平总书记在全国教育大会上强调，教育是国之大计、党之大计。高校立身之本和根本任务在于立德树人。教材出版是大学出版社生存和发展的基础与生命线，高质量的教育需要高水平的教材作为支撑。因此，大学出版社要紧扣用习近平新时代中国特色社会主义思想铸魂育人的主线制定教材出版战略，必须将战略决策重心从生产需求导向转为价值需求导向，落实立德树人的根本任务，加强整体谋划；以为党育人、为国育才为宗旨进行教材的设计和建设。为更好地满足党和高校的教育发展需求，将高质量发展理念落到实处，我社以"以变应变，从我做起"为主题，组织全社从上至下，从管理层到业务层，结合自身岗位分析出版环境的新变化，学习领会教育政策的新精神，提出适应新要求的具体举措。在此基础

上，从战略层面、经营层面、管理层面强化价值引领，进行多层次系统推进，加大对教材板块的战略投资，力争从内容到形态都要满足高校教学和专业建设的新需求。在首届全国教材建设奖评选中，我社《国际信贷》荣获优秀教材奖，《财务管理学》《会计信息系统》《高级会计学》《中级财务会计学》《初级会计学》5部书荣获河南省首届教材奖。此外，还有多部教材获评北京高校优秀教材课件重点项目。

二、将政治与业务有机统一，实现党建引领和出版业务的高度融合

出版承担着"举旗帜、聚民心、兴文化、展形象"的重要历史使命，要将马克思主义的立场、观点和方法贯穿教材始终，要体现党的理论创新成果特别是习近平新时代中国特色社会主义思想，这要求出版社全体员工而不仅仅是党员要具有高度的政治觉悟和政治素质。只有及时准确地掌握党和国家的新部署、新要求，将价值理念与出版工作有机结合，才能做好宣传者和把关人。为加强党建引领作用，出版社的社长担任出版社的党支部书记，从顶层推动党建工作和经营业务的高度统一。2021年围绕党史宣传教育，出版社组织了纪念建党百年主题出版和专题宣传活动，着力于舆论宣传与教育育人的有机融合。建党百年专题宣传活动以每周一篇文章的形式宣传介绍中国共产党历史上的重要人物、重大事件以及新时代党员先进事迹，文章大部分选编自我社出版过的著作和教材。主题出版物《百年光影 红色芳华——中国共产党的影像变迁史》通过课程走进大学讲堂，全国党员教育培训创新教材《党性的诠释》被多所大学选作教师和学生党支部学习用书，并荣获北京市哲学社会科学优秀成果奖。高校人才培养是育人和育才相统一的过程，建设高水平人才培养体系，必须抓好课程思政建设。为此，出版社以书记讲党课的形式，面向全社进行"学党史、守初心、践行三全育人，全力做好课程思政出版建设工作"的专题培训；以业务推进会的形式对党和国家的有关政策、高校的建设途径和措施等进行传达，组织专题学习和业务讨论。我社将课程思政出版作为教材出版的重点建设方向，陆续推出教育部课程思政示范课程《审计学》、《课程思政

"三金"优秀教学设计案例》（第一辑）（第二辑）、《档案学专业课程思政教学案例集》、《创新创业+课程思政教育模式研究》等优秀图书，受到院校和市场的广泛欢迎。

三、将发展目标融入业务流程，以管理创新推动整体效益的提升

党中央高度重视教材建设，总书记在全国高校思想政治工作会议上强调，教材建设是育人育才的重要依托。建设什么样的教材体系，核心教材传授什么内容、倡导什么价值，体现国家意志，是国家事权。党和国家围绕教材建设做出的一系列重大部署，表明了建设高质量教材的重要性和必然性。要贯彻落实教材高质量建设的目标，必须重视体制机制创新，通过有效管理进行系统推进。2021年根据国家政策环境、教育产业格局和高校需求的重大变化，我社以管理和组织创新为驱动，通过管理层次和组织结构的调整，解决传统职能部门难以承担新需求和交叉需求难以落地的问题。在运营中将高质量发展目标和融合发展目标逐层分解细化后，有效融入业务流程，实现管理的流程化。通过对管理制度和奖励机制的及时增补、更新加大对教材板块从内容建设到渠道建设的投资，根据政策变化加大对教材策划和对优秀教材项目的奖励力度，实现业务与管理的同步迭代。通过上述方式，有效提高了目标任务的执行性和完成率。

站在新时代新的起点上，高校教材出版格局发生了历史性变化，进入了全新的发展阶段，大学出版社要深入学习和深刻领会党的教育方针和教育理念，紧紧围绕高校立德树人的根本任务和人才培养需求，以价值为引领，把好政治关、不断提升自己的专业能力和服务能力，不断推出具有新知识、新思想、新观念的精品教材，以高水平教材建设支撑出版的高质量发展！

热爱、真诚、勤奋
——一个老编辑的感悟

刘　红[*]

　　从1987年出版社成立之初到2005年退休，18年的编辑生涯要说感悟，我的体会是6个字——"热爱、真诚、勤奋"。

　　对这个职业我从心底里就喜欢，因为我爱热闹、爱新鲜，不太喜欢循规蹈矩，每出一本书，作者、内容、形式都是新的，能时时接触新的东西，不会觉得乏味，尤其是每做一本书都会结识一个新的作者，我喜欢和他们打交道，在和他们反复沟通、讨论过程中会使我提高对某一事物或知识的认知和理解，所以，每出一本书我觉得它不仅是作者的作品，也是我的作品，这里面满含着自己的心血、汗水和爱。每本书出来之后我肯定先跑到出版部那里拿来翻呀、看呀，无论别人的评价如何，反正自己总有一种成就感，如果某本书获了奖，就更加有了自豪感。这种热爱使我对编辑工作充满了动力，再苦再累也值得，总想下本书我会做得更好。

　　真诚，是对作者的尊重、理解和支持。有了好的选题，作者则是成败的关键。出版界的竞争那么激烈，好的作者是稀缺资源，是各社争夺的对象。我们社规模不大，尤其在建社初期，没名气、条件差、稿费低，凭什么才能挖到那些大牌儿作者呢？其中有一个重要的因素是我们编辑真诚的心。有时候为了挖到一个作者，我不惜一次次去登门拜访，无数次电话沟通。记得做"中国当代中青年经济学家论著文库"和"诺贝尔经济学奖获奖者学术精品自选集"时，我们不知道多少次骑车去北大等高校和作者沟通。有的作者多次推脱工作忙没时间见面，我想你工作再忙总也得吃饭吧，那就去饭厅门口等他，或者去他开会的会议室门口堵他。有时候作者

---

[*] 作者简介：原首都经济贸易大学出版社编辑室主任、副编审。

对一些问题的理解或看法不同，或是对稿费、封面、装帧设计有意见，有的作者说怪话，甚至发脾气，在没有大的原则问题的情况下，我总是就耐心解释、说明，能忍就忍。正是由于我的诚意，赢得了作者的信任，甚至，有的作者会把原先准备交给其他出版社的书稿给我们社出。还有，做出版工作要善于倾听。术业有专攻，每本书作者不一定是这方面的大专家，但起码具备这方面的专业知识，倾听不仅是对作者的尊重，还能让我们从中受到启发，产生灵感，从而开发新的选题。

虽然现在网络的飞速发展和媒体的多样化使人们交流和沟通起来非常方便快捷，但是，我认为这些只是形式上的变化，真诚，是有情感的、是有温度的。我所组稿编辑的每一本书的作者都是见过面的，都是当面交流过的，有的已经成了朋友。

只有热情和真诚还不能做出一本好书，还要勤奋。勤奋是要脑勤、腿勤、手勤。必须勤学习、勤思考才能产生好的创意，自鸣得意的小聪明和侥幸心理是靠不住的。记得社长曾半开玩笑地评价我是"以勤补拙"，嗯，我认可这一评价。

若干第一次的记述

林其宝[*]

今年是首都经济贸易大学出版社成立 35 周年，值得庆贺。

我是建社初始的参与者之一，从事文字编辑工作，于 1997 年 1 月退休。虽然在社工作仅有短短的十个年头，但这十年的编辑工作经历给我留下很多值得回味的第一次记忆，历历在目，终生难忘。

1987 年 11 月 13 日是我 50 周岁生日。临下班前，接到社领导通知，让我到大李（李玉山）处领取出版社发给我的生日蛋糕，以示对员工的关怀和祝贺。据说这还是出版社首次给员工发生日礼物。礼品十分考究，包装高雅美观，足见操办者的良苦用心，这是我收到的最珍贵的礼物之一。由于我八九岁时父母过早离世，后来家里也没有过生日的习惯，因此这算是第一次有人为我祝贺生日，社里特地为我生日发送蛋糕，让我喜悦的心情久久难以平静。回到家里，我不但和家人一起分享这份甜蜜的美食，还特意拍下一张照片留念，以铭记出版社给予的温馨关爱。

1989 年 10 月，在山东淄博召开了第二届管子与齐文化国际学术讨论会。与会者来自京、津、沪、湘、鄂、鲁、豫、黑、辽、吉、赣、浙、皖、闽、港、台等以及美、日等国，学者近百人。我与同仁王守志学兄有幸应邀出席并撰有《〈管子〉的价格作用论》一文提交大会。赴会前，我与他曾多次商讨带有特殊使命的构想——为出版社组稿，意在为刚刚诞生的出版社在社会上扬声扩誉，以展示其存在感，提高其知名度。这一动议得到了当时社领导的鼓励和鼎力支持。我们共同努力，数次与大会组织者接触协商，拟在大会结束后，选择其中优秀论文汇集成册，由全国人大常委会副委员长周谷城先生为本书题签，北京大学教授张岱年先生为本书写

---

[*] 作者简介：原首都经济贸易大学出版社编辑、副研究员。

序，北京经济学院出版社为本书的出版提供方便，定名为《管子与齐文化》出版。至此，我们在建社初期第一次外出组稿达到了预期目的，顺利地收获了可喜成果。守志学兄去年（2021年）因病离世，和我们离别了，但他的真诚、合作与敬业精神，永远值得学习和珍重。

1996年1月，由改革出版社出版的《中国历代人口统计资料研究》正式刊行，它是中国社会科学院"八五"重点科研项目成果。我社编辑人员参与了该书编撰并担任编委，负责《上古至秦汉编》主编，这又是我第一次参加如此重大的科研项目，为我国学术界在该领域研究的学者继续深入研究提供了以资借鉴的翔实资料，在一定程度上做了一件添砖加瓦的有益工作。

2022年，适逢国家版本馆落成之际，征集具有历史文化传承价值的版本图书，我们出版社有51种图书喜获殊荣，这是我社全体员工集体努力长期拼搏的结果。其中有我责编的《合并财会报表理论与实务》《中国近代税制概述》《管子通解》三本图书入列，这更是我第一次也是最后一次入藏国家版本馆的劳动成果。

以上罗列的若干第一次记述，一方面真实客观地记录了我在出版社任职期间勤勤恳恳、默默无闻、埋头苦干的工作情景，体现着出版社与员工之间的深情厚谊；另一方面也展现了我为出版社总体成绩的取得尽过职、出过力、流过汗，并最终得到国家和社会充分肯定的经历。过往的一切，在我的内心深处充满着无比的愉悦和满足。

做一名认真负责的编辑

杜浩南[*]

做图书编辑已有 6 年时间,但进入图书出版行业却是偶然。在此之前,对这个行业很陌生(此前在某国企市场部工作 3 年),现在想来进入这个行业很重要的一个理由可能是因为我在少年时代很崇拜鲁迅先生。

鲁迅先生从事编辑出版工作 30 余年,主编或参与编辑报刊近 30 种,编辑出版图书 70 余种。鲁迅的编辑出版活动所处的年代时局动乱,他的生活也因此辗转频繁。他曾这样说:"我的生命,割碎在给别人改稿子,看稿子,编书,校字,陪坐这些事情上。将血一滴一滴地滴过去,以饲别人,虽自觉渐渐瘦弱,也以为快活。"他当编辑,是拼了命的。

工作几年,越发对这段话有更深的感触。总结自己这几年的工作,头顶一直悬着四个字:"认真负责。"审稿要及时、严格、全面、细心,对作者要负责。

如果让我跟编辑圈子外的人介绍我的工作,我想我会提到一本书——2020 年我责编过一本翻译稿《现代女性之声》。这是一本关于电影研究的中文译著,英文原版书作者是华裔女作家马彦君(Jean Ma)。作者是二代华裔美国人,母语是英语,已经不会说汉语,也看不懂汉字。她凭借香港电影资料馆和香港电影学者的帮助完成了这本介绍中国现代歌女的专著。作者用英文将中国现代特别是民国时期的电影女明星、女歌手、电影介绍到英语世界,然后由我们的中文译者再翻译回来,可想这中间要跨越多少鸿沟。在审核中文译稿的过程中,查阅、核对资料成了审稿过程中最重要的工作:核对每一个人名、电影名的翻译。文字磨完三遍,总算看到曙光,准备出版印制。然而就在印制前的一周,我偶然在豆瓣上看到一位英

---

[*] 作者简介:首都经济贸易大学出版社编辑。

文译者的豆瓣页面，这位译者最新介绍了几本关于电影研究的著作，其中就提到了英文原版的《现代女性之声》，并将作者标注为"马彦君"（此时我责编的这本书的封面上还写着音译人名"珍·马"）。我顿有"五雷轰顶"之感，原来作者有中文名字，那中文译本封面应该使用中文译名啊，可我搜遍全网却没有找到关于作者更多的信息。于是立刻跟译者核实，译者也不能确定。我在斯坦福大学网站找到作者的联系方式，给作者发了邮件核实，迟迟没有收到作者回复。幸好社里的一位老师认识一位在美国做访问学者的电影研究学者，经这位学者确认，作者确实有中文名字。而时隔两天我也收到了作者的回复。

每每想起这事，我都会心惊，也会自我怀疑，编辑工作不是一份容易的工作，作为编辑，要懂得很多知识，要不断学习充电，要时刻提醒自己面面俱到，认真细致。

在进入编辑行业的第六个年头，我也小小地挑战了自己一把：三个月内出版两本书。整个出版流程用几个字形容就是急急急，但是还要好好好。这件事情之所以能在这么短的时间内完成，离不开作者的支持，跟作者一起就每个模块、每处细节细细打磨的情景仍历历在目；离不开出版社领导和各部门的支持，社领导在流程环节上进行了有效管理，保证了图书按时出版。编辑工作不是一个人在单打独斗，是一群人在协作，这其中包括编辑、作者、排版、设计、印制、发行、财务等诸多环节，每个环节都很重要。

工作6年了，总感觉这两年才真正"入行"，开始懂了点儿"门道"，也结交了很多优秀的作者。感谢出版社给了我平台！感谢领导、同事们的支持与帮助！祝福出版社越办越好，再创辉煌！

关于图书营销的随想

孟 欣[*]

图书营销的目的是让一本书能够遇到需要它的人。

在出版行业做新媒体营销,是件有些"拧巴"的事。社交媒体平台信奉的是"海量内容,即时触达",看什么,平台要比用户更早知道,能吸引人们注意力的消息永远在下一条。大众的时间被不断切割,能够留给阅读的时间越来越少。另外,通过书籍获取知识需要投入更多精力,与"短平快"的社交媒体平台相比,书籍不够直观,稍显无趣。当一位摄影初学者可以通过 6 分钟的视频实现"从小白到大师"的时候,有多大可能会去通读近 2 000 页的《美国纽约摄影学院摄影教材》呢?

在几乎占据人们全部业余时间的平台宣传图书内容,这样的行为是不是过于实验性了?

图书营销又是非常必要的,一本书能够出版,是因为编辑相信它所具有的价值,无论是对空白领域的探索,还是对已知话题的再度阐释,都需要足够的声量去宣告它的登场。任何理念,首先要被知道,才能留下被讨论乃至被接受的余地。

摆在面前的问题是,信息过载的时代,如何才能吸引读者的注意力?1990 年,美国维亚康姆公司总裁雷石东提出"内容为王"的观点,他认为:"传媒企业的基石必须而且绝对必须是内容,内容就是一切。"近年来,这一主张被互联网平台反复提及。一般来说,出版者最不缺的便是内容,但是在短视频成为社交媒体主流的今天,文字该怎样跨越媒介间的鸿沟转化为影像呢?像"幸福的家庭都是相似的,不幸的家庭各有各的不

---

[*] 作者简介:首都经济贸易大学出版社营销经理。

幸"，短短的21个字，又要用多少画面来表现呢？

一种可行的方法是，通过社交媒体平台，向读者提供增值内容。比如，上传作者的采访片段、讲座片段，以补充书中未涉及的知识。如果作者是编写教材的老师，也可以提前录制公开课程来辅助教材内容。另一种也已被采用，但存在争议的方法是，在社交媒体平台所提供的销售渠道上，通过直播的方式，以超低价售卖图书。直播的主体通常是MCN机构内的博主，所销售的也多是等待清库存的图书，动辄2折、3折甚至"1元秒杀"的折扣力度，的确能够招徕买书的顾客，但是，却很难吸引到真正的读者。

如今，真正的读者其实非常清楚自己需要的内容，一个对唯物主义着迷的人，是很难转去参悟"大道无门，千差有路"所蕴含的佛理的。他们在选定一本书之前，决策周期会更长，也会更加审慎。对西方文学感兴趣的读者，会反复比较不同译本之间的差异；中国古典文学的拥趸者，对不同注本的校对情况相当考究；也有人重视书的质感——现在有15 000余名书友聚首豆瓣"是轻型纸哦！"小组，表达着对轻型纸的深恶痛绝。

一本书想要获得读者，首先需要让人们相信，这本书对他们而言是有价值的。个人的价值取向可以培养，这也正是营销所要做的一项长期的工作，要让人们不断地追寻，直到这种价值取向能够影响他们的生活方式。也就是说，比图书产品本身更早被读者接触到的应该是书中的观念。这些观念的传播只靠某个出版社的宣传是不够的，有时需要依赖社会群体的力量。

对于出版社而言，想让产品持续被大众关注，首先需要给读者留下深刻印象，再进一步，要能够作为品牌让读者记住。这涉及两个方面，一方面是出版社所出版的图书产品，另一方面是出版社所坚持的出版理想。

大众对出版社最切实的感受，还是要落到它的图书产品上，所有的营销方案也要以书本身为出发点，这是一项扬长避短的工程。比如在读者的用书评价中看到对翔实的数据资料的肯定，那么下一步便可以重点强调本书在数据资料上的优势；下次倘若看到关于书内案例过于陈旧的抱怨，也就不必把结合实际再看作本书的卖点之一。

不论对于图书还是其他商品，成功的品牌总是能为受众提供产品之外的情感价值。对于出版社而言，就是不仅要考虑书的内容能否打动读者，还要审视在组稿、编辑直至发行的过程中，是否具有值得分享的背景故事。故事是营销的绝佳素材，读者了解到一本书写了什么，只是实现了基本的心理预期，只有当他了解到一本书为何而写时，才会对出版品牌产生心理认同。

营销是一件锦上添花的事情，尽管人们会对营销抱有负面情绪，但私以为，只要能够提供好内容，并足够真诚，就能打动受众。

责任与担当

——我在出版社的两年

张 蕊[*]

时光飞逝，转瞬间，我入职出版社已经两年时光。回顾过去的两年，收获颇多，感悟也颇深。

一、尽职尽责，完成工作任务

2020年9月，我入职出版社发行经理的岗位。发行部的工作在出版社里既有趣又特别；图书的发行岗位既像处在前线，又像居于幕后。

我的工作包括但不限于以下方面：

（1）平时认真完成发货工作，及时并按各经销商发货要求完成繁复的发货工作，发货中反馈版次、印次需求；关注库存情况；对网店的备货情况提出有效建议。

（2）对物流发货情况跟进并及时解决，确保及时到库，保障有货可卖。

（3）及时整理汇总新书信息，按各个平台要求填写报订模板上传后台、上传图书、视频信息并跟踪后续情况审核下单，保障新书快速、品种尽可能全面地配发上架，并注意更新维护。

（4）定期维护麦客平台及畅想谷平台，了解教师样书及课件需求，及时并尽可能多地了解教师选书的信息需求，及时获得意见反馈；将样书寄送给教师以争取能够选用，为教师提供课件。

（5）服务终端。在接触到教材发行工作后，我才体会到服务好终端选

---

[*] 作者简介：首都经济贸易大学出版社发行经理。

书教师的重要性。例如，一位江西南昌工学院的老师由于授课时间的原因，选书需求提得既晚又急，要求马上反馈所需种类繁多的信息。接到需求后，我连夜查阅图书信息、系统里申报的图书资料，并上网查找相关信息，之后及时、全面地反馈回传给选书教师。老师对于我社的服务效率给予了高度的评价，并于第二天推荐了同校不同课程的授课老师选用了我社另一本教材。所以服务好终端的选书教师、保持有效长期的联系，有利于从根本上提高销售水平。

（6）按时完成退货核对、对账、核对返点、销单开票、结算回款等工作。及时沟通库房，对退货的明细、金额进行核对，出现问题时及时进行追踪解决。与客户谈判返点比例，尽可能地为出版社增加收益。及时地跟踪到票到款情况，与客户沟通进度，确保书款按时到账。对账、回款工作实操起来极为繁复，需要极大的耐心与细心，以确保账目准确、明晰。

（7）按月有针对性地选品、选时，针对不同品类图书制订并申报网店营销活动计划。

（8）定时监控、统计片区内发货、退货、销售、回款等数据。及时对数据反映出的问题提出解决措施。

（9）维护客户采销、财务等对接人员。与所有对接人保持良好的沟通关系，对客户的需求做到及时沟通并解决。保障反馈速度快、沟通顺畅、有效解决问题。有针对性地出差，参加教材巡展并走访重点院校及教师。

总之，发行经理每天都要对接各种经销商客户，接触性格各异的一线教师。既要跟客户谈判、分毫不让，又要为客户提供优质的服务，关心客户的生活。工作内容充实又饱满。

二、两年间勤学苦练，提高自己的业务水平和技能

入职以后，我以前辈和同事为榜样，在学中干，干中学，边学边干，不懂的地方虚心向同事请教，通过学习掌握了操作规程和要领，对自己应承担的工作能够独立完成，也使自己的业务水平和技能都有了不同程度的提高。

两年来我经历了各种挑战与突破。

（1）刚入职的初期，就遇到了很大的挑战。记得刚入职时，社里正在进行近十年来最大的一次针对历史上所有客户、所有账目大规模的盘点，对我来说就像是刚上战场就遭遇了对方主力部队，开启了一场恶战。对片区内近140家客户进行盘点和梳理对我来说绝非易事，需要逐一做细致的查询和分类。面对烦琐、陌生的工作，我没有烦躁，而是当成尽快熟悉工作的机会。接下来，我根据客户的销售、回款、沟通情况及量级对客户做了分类。细致查询每个客户的营业状况，做好留证备案工作。对有账目往来、正常沟通的50余家客户，逐一梳理了每个客户的每笔账目，制作往来账目明细对账函，仔细核对后，确认并回函，以备盘点留存。共梳理出坏账、问题账目515笔。这次盘点工作，时间紧、任务重。如此大规模、时间跨度大的盘点工作，在领导的带领下和发行部伙伴们的团结协作下，顺利完成了。通过这次盘点，我迅速熟悉了所有的客户、对接人员，成功进入了自己的角色。

（2）探索直播的营销方式。印象最深刻的是在主任的带领下，用短短一周的时间，办理了注册直播账号所需的企业手机账号，采买了直播所需的基础设备，经过烦琐的平台提报过程申请了企业官方认证账号。这方面的成功也有赖于十几年的出版行业从业经历和积累的出版社供应商伙伴，以及向兄弟单位多方打探、学习后摸索出来的直播的具体操作方法。在2020年、2021年，成功进行了多场直播活动。直播活动中，注意做好内容营销，不仅有助于建立我社品牌形象，也对带动销售起到奠基石的作用。

（3）与客户签订合同。2021年对片区内所有客户进行了合同梳理工作。片区在原有客户合同签约较少的情况下，逐家梳理合同签约历史、折扣、账期等情况并与客户进行谈判，保障折扣不变，力求控制缩短账期，使出版社不处于被动位置，为后期的对账回款工作打下基础。

（4）增加片区。有赖于领导的信任，在原有片区的基础上，调整增加了京东片区。电商渠道的销售工作较一般教材商和新华客户来说更为繁复艰难。网店销售工作事无巨细，电商保有平台功能，但具体事务大到重点品销售、组织营销活动、对账回款，小到页面信息维护、一本书的质量问题处理、发货到货日期的确定都由出版社业务员承担。在原有6个省、直辖市客户的基础上,增加了一个工作量巨大并且讲求效率的电商平台,工作量大大增加。

(5)为京东渠道开设自营店铺。经过长期的设计、搭建,为京东渠道开通了自营店铺。开通并维护京东自营店铺也是一项复杂的工作。虽然之前有管理京东自营店铺的经验,但开通、重新搭建一个新的店铺对我来说也是破天荒头一遭。前期对在售商品的页面情况进行了梳理,对板块进行设计,对图书进行分类、收集立体封面、整理缺失信息、收到反馈图片陆续上传到页面等等一系列繁复的基础构架工作,是一个漫长的、从无到有的过程,现京东自营店铺已"装修"完成,形成了成熟的店铺。后续将继续对店铺进行实时的维护更新,提供更直观全面的图书信息,建立出版社的品牌形象。

我深深体会到发行岗位多涉及钱款、合同,办理业务回款、促销费抵扣、合同签署等等相关工作,来不得半点马虎,一定要按照规章制度要求做到账目清晰、单据齐全、数据一致、内容真实完整、数迹清楚、流程严谨、存档规范。

对我这个新员工来讲,在工作中要团结同事,相互学习,相互促进;在生活中,互相帮助,互相关心,共同创造和谐的氛围。同时,不断进行自我定位,更新观念,提高服务意识,增强服务水平。

回忆两年来的工作,在领导和同事们的关心帮助下,我在思想上、学习上、工作上都取得了新的进步,业务能力也得到较大的提高,但我深刻体会到,有些方面还有着很多的不足。今后,我一定认真克服缺点、发扬优点、加强思想道德建设,刻苦学习、勤奋工作,把工作做得更稳更好。我希望在以后的工作中能有更好的成绩,希望能在接下来的日子里继续得到领导的关心指导、同事们的帮助,与出版社这个大家庭,共同创造更辉煌的未来。

编辑，以责任之名

赵 杰[*]

在人生这段旅程中，充满了各种机缘与必然，进入出版社是个偶然，而在出版社走过的35个春秋中，有我17年的身影，且在出版社未来的无数个春秋中，我还能身处其中，正是偶然中的必然。回顾过往，展望未来，我用几个工作中的小片段来为这无数个春秋做一个脚注。

如果，一个行业外的人抑或一个即将进入编辑行业的人问道何谓"编辑"，或者用一个词来精准形容"编辑"，那么，我首先且唯一想到的一个词就是"责任"。

一、责任在心，做好图书的把关人

从事编辑工作以来，经常能听到这样一句话："编辑不就是负责改错字的吗，我的稿子没错字，你们可以直接出版了。"对此，新编辑往往无所适从。一部优秀的图书，必然源于一部优秀的稿件，一部优秀的稿件也必然要经历编辑和作者的反复锤炼才能成为精品图书。老编辑经常说，编辑工作是个良心活，如果没有责任心，就必然会出错。

有这样一个亲历案例：在工作了几年后，编辑流程已经纯熟，审稿能力也有提升，而对待稿子的态度也有松懈。此时，一本表格数据计算比较多的图书摆在了面前——由我担任该书的责任编辑。因为计算量较大，我在复核了若干个表格数据均无误后，就产生了松懈之心，对于后面表格数据的核对就没有那么认真了，有的采取了抽样核对，而二审和三审原则上也不必计算这些数据。之后，图书正常出版。某一天，我收到了一封发到

---

[*] 作者简介：首都经济贸易大学出版社副社长。

版权页预留邮箱的邮件，一位读者明确指出了图书中的计算错误，愤怒之情溢出邮件。遇到如此情况，真是汗颜，立即发邮件道歉，并警醒自己，编辑一定要责任在心，来不得半点马虎和偷懒。编辑首先要对读者负责，对读者负责也就是对作者负责，唯有如此，才能出版真正经得起检验的精品图书。

二、玉汝于成，甘心为作者和读者服务

刚进入出版社工作时，出版界互相交流还很普遍，北京十月文艺出版社隋丽君老师的一堂课让我记忆至今。隋丽君老师是我在做编辑之前就耳闻的唯一一位编辑。在20世纪90年代末，大量的买书、读书，对于农村学生而言还是奢求，因此，我的课外（尤其是文学作品）阅读的主要形式，其实是听书——对于现代读者来说，是融合出版的一部分。当年，中央人民广播电台推出了一个叫"长篇连播"的栏目，由播音员演播各个时期的长篇文学作品——声音艺术与文字魅力的完美结合。《穆斯林的葬礼》就是靠当时听的。播音员演播时，开篇会提到"作者霍达，责任编辑隋丽君"，彼时虽然完全不懂责任编辑是做什么的，但"责任编辑"这个词却已深深埋入记忆里。

回到隋丽君老师的课，时间久远，很多细节都模糊了，只有隋老师分享的与霍达先生围绕《穆斯林的葬礼》这部作品反复沟通的点滴仍记忆犹新：当年，霍达先生初入文坛，首次创作长篇，隋老师读过初稿后，发现这部作品感情真挚、打动人心，然而作品在文本、语言、转折安排等方面还有巨大锤炼空间，随后，隋老师与作者进行了长期的沟通，与作者一起反复打磨稿件……《穆斯林的葬礼》推出后便一鸣惊人，一时洛阳纸贵。作品打动了无数读者，并一举夺得茅盾文学奖。编辑与作者间的编撰相长，成就了一段佳话，为作者和出版社取得了巨大的荣誉和成就，为读者提供了脍炙人口的作品，而此时，编辑已经悄然退于幕后，进行下一本书的编辑工作了。

三、心系社会，以社会效益为最大出版价值

从业近20年，回首自己策划编辑的图书，若论最有社会价值的图书，当属《第一书记与精准扶贫——农村扶贫工作思索与创新》。作为一名从农村走出来的编辑，就个人而言，三农问题始终是我关注的重点。

2015年4月，中共中央组织部、中央农村工作领导小组办公室、国务院扶贫开发领导小组办公室印发《关于做好选派机关优秀干部到村任第一书记工作的通知》，就深入贯彻落实习近平总书记关于大抓基层，推动基层建设全面进步、全面过硬，精准扶贫、精准脱贫等重要指示精神，对选派机关优秀干部到村任第一书记工作做出安排。选派第一书记的重点范围是党组织软弱涣散村和建档立卡贫困村，要做到全覆盖。对赣闽粤等原中央苏区，陕甘宁、左右江、川陕等革命老区，内蒙古、广西、宁夏等边疆地区和民族地区，四川芦山和云南鲁甸、景谷等灾后恢复重建地区，要加大选派第一书记力度，做到应派尽派。

这则新闻使我敏锐地意识到，全面脱贫是此后一段时期内党和国家的重点工作，而"第一书记"则是全面脱贫工作的重要抓手，根据出版社的出版定位和出版领域，我判断，第一书记和精准扶贫具有重大出版价值，随后，我一直关注着这个领域，希望找到符合出版要求的选题。机缘巧合，我的一位大学同学正好作为首批第一书记被派驻贵州省安龙县坝盘村，经过他的牵线协调，最终组织21位挂职第一书记完成了《第一书记与精准扶贫——农村扶贫工作思索与创新》这部著作。

《第一书记与精准扶贫——农村扶贫工作思索与创新》一书，以第一书记亲历扶贫工作为依托，从实践中总结经验与教训，提出建设性的扶贫建议，内容充实，提供的全部是第一手经验，所有建议都是从实践中来的，具有可操作性，能够参考复制，最终再运用到实践中去。该书成为很多基层扶贫干部的参考书。

本书的出版历经波折，书稿统稿主编付出了巨大的心血，在项目推进中，责任编辑也顶住各种突发情况的压力，最终与所有作者一起完成了图书的出版，并取得了较高的社会效益。本书获得北京市宣传文化引导基金

的大力支持，入选当年国家新闻出版署农家书屋重点书目。多地农家书屋采购了图书，对一线扶贫干部和群众起到了一定的参考作用。《人民日报》2018年8月3日第11版对本书的出版和图书发布会进行了报道。湖北房县、河北涞水等地的一线扶贫干部更是发来了感谢信。功成不必在我，出版社和编辑的社会价值在此刻达到了巅峰。

四、结语

以这样一段感悟为这篇小文做个结尾：编辑是一个这样的职业——好为人师，但又不想不能站在讲台上。知识不由教师创造，但经教师传递，图书不由编辑撰写，但经编辑出版传播。没有师者之心，很难全心全意投入工作；没有师者之道，很难编辑出版有益于社会的图书。

责任在心，永无止境。